JIAOYU CHONGSU:
GAOXIAO JIAOXUE GAIGE JI QI CHUANGXIN SHIJIAN

教育重塑：
高校教学改革及其创新实践

卢 璐 ◎著

图书在版编目（CIP）数据

教育重塑：高校教学改革及其创新实践 / 卢璐著.
北京：中国书籍出版社，2024. 10. -- ISBN 978-7
-5241-0029-4

Ⅰ. G642.0

中国国家版本馆CIP数据核字第2024ML0719号

教育重塑：高校教学改革及其创新实践

卢　璐　著

图书策划	尹　浩　李若冰
责任编辑	吴化强
责任印制	孙马飞　马　芝
出版发行	中国书籍出版社
地　　址	北京市丰台区三路居路97号（邮编：100073）
电　　话	（010）52257143（总编室）（010）52257140（发行部）
电子邮箱	eo@chinabp.com.cn
经　　销	全国新华书店
印　　刷	廊坊市博林印务有限公司
开　　本	710毫米×1000毫米 1/16
字　　数	221千字
印　　张	15.5
版　　次	2025年1月第1版
印　　次	2025年1月第1次印刷
书　　号	ISBN 978-7-5241-0029-4
定　　价	72.00元

版权所有　翻印必究

前　言

在当今这个日新月异的时代，教育作为推动社会进步与文明发展的重要力量，正面临着前所未有的挑战与机遇。随着信息技术的飞速发展、全球化进程的加速以及知识经济的崛起，传统的高校教育模式已难以满足时代对人才培养的多元化、高层次需求。因此，教育重塑成为高等教育领域不可回避的议题，其核心在于通过教学改革与创新实践，探索出一条适应未来社会发展的教育路径。高校教学改革及其创新实践旨在汇聚国内外高等教育界的智慧与力量，深入剖析当前高校教育体系中存在的问题与瓶颈，如教学内容的滞后性、教学方法的单一性、评价体系的片面性等，同时展望并实践一系列旨在激发学生潜能、提升教学质量、促进教育公平的创新举措。

本书不仅关注理论层面的探讨，更聚焦于实际案例的分享与分析，系统构建高校教学改革的理论体系，深入分析教学方法改革的必要性，聚焦于教学评价改革，提出指标体系设计、模式改革路径及 OBE 理念下的督导评价创新。本书还关注教学改革与传统文化的融合，多元化地探索思政、心理、英语及体育教学等领域的改革框架、方法优化与创新实践，为高校教学改革提供全面而深入的指导。

本书期待通过多元化的研究，有效促进教育资源的优化配置与共享，为培养具有国际视野、创新精神和实践能力的高素质人才奠定坚实基础，丰富教学手段，进一步拓宽教育的边界，为高校学生提供更加灵

◎ 教育重塑：高校教学改革及其创新实践

活的学习路径，引领教育向着更加高效、个性化的方向迈进，在探索与实践中不断突破传统框架，开创高等教育发展的新篇章，为构建人类命运共同体贡献教育的力量。

目 录

第一章 高校教学改革的理论体系 ················· 1
  第一节 "立德树人"理论 ····················· 1
  第二节 共建式课堂理论 ····················· 13
  第三节 在线课程建设改革理论 ················· 27
  第四节 国际化人才培养改革理论 ··············· 38

第二章 高校教学方法改革及其创新研究 ············· 45
  第一节 高校教学方法改革的必要性 ············· 45
  第二节 高校教学方法改革的总体设计 ··········· 56
  第三节 高校教学方法改革的具体措施 ··········· 65
  第四节 高校教学方法改革的创新研究 ··········· 82

第三章 高校教学评价改革及其创新路径 ············· 86
  第一节 高校教学评价改革的指标体系设计 ······· 86
  第二节 高校教学评价模式的改革路径 ··········· 97
  第三节 OBE 理念下高校教学督导评价改革与创新 ···105
  第四节 高校教师教学评价改革与创新路径 ·······111

第四章 高校教学改革与传统文化的创新融合 ·········117
  第一节 高校教学改革的文化思考 ···············117
  第二节 传统文化对高校教学改革的意义 ·········123

第三节 "两创"下的高校传统文化类课程教学改革 ………… 129
第四节 传统茶文化与高校教学改革思维的创新融合 ……… 136

第五章 互联网时代高校教学管理模式改革及其创新应用 ………… 139
第一节 互联网时代高校教学管理模式改革的理念 ………… 139
第二节 互联网时代高校教学管理模式改革的目标 ………… 149
第三节 互联网时代高校教学管理模式改革的途径 ………… 152
第四节 互联网时代高校教学管理模式的创新应用 ………… 170

第六章 高校教学改革多元化及其创新实践探索 ………… 175
第一节 高校思政课教学改革的框架体系与创新实践 ……… 175
第二节 高校心理健康教学方法改革与创新发展路径 ……… 190
第三节 高校英语教学设计的优化改革与学习方式创新 …… 198
第四节 高校体育教学环境改革与科学化运动训练创新 …… 215

参考文献 ………… 235

第一章 高校教学改革的理论体系

第一节 "立德树人"理论

一、"立德树人"的理论体系

（一）"立德树人"的内涵解析

"立德树人"作为教育领域的核心概念，强调教育的目标应当是培养具有高尚道德品质和全面发展的人，这个概念深植于中华民族的传统文化中，强调道德教育在育人过程中的重要性。通过解析"立德"和"树人"的深刻含义，可以更深入地理解其在教育中的作用和意义。

1. "立德"与"树人"的深刻含义

（1）"立德"是强调道德教育在个人成长和社会发展中基础性作用的核心概念。德作为一个人立身处世的根本，是社会和谐稳定的基石。道德教育不仅是对善恶的判断，还涉及人生观、价值观和世界观的培养。通过"立德"，个体能够树立正确的价值观，形成良好的行为习惯，从而在社会中发挥积极作用。价值观影响个人的行为和选择，是人们判断事物、理解世界的重要依据。"立德"不仅是个人修养的提升，也是促进社会进步的必要条件。道德教育的目标在于培养个体的责任感和道德判断力，使其在面对复杂的社会环境时，能够做出符合社会伦理和个人良心的选择。

（2）"树人"指向对人的全面培养，涵盖个体的知识、能力和素质等多方面的发展。树人不仅是传授知识，更是培养具有批判性思维、创新能力和实践能力的人才。通过"树人"，教育不只关注个体的学术成绩，还关注他们在道德、智力、体育、美育等方面的全面发展。在教育过程中的"树人"强调知识与能力的结合，培养学生的实践能力和创新意识。在知识爆炸的时代，仅仅传授知识已不足以应对快速变化的社会需求。教育需要培养学生适应变化的能力，以及在多元文化背景下的跨文化交流能力。"树人"的目标是培养具有全球视野、社会责任感和创新能力的公民，使他们能够在复杂多变的世界中自信地迎接挑战。

2."立德"与"树人"的内在联系与互补性

"新时代高校落实立德树人的根本任务并不是一句简单的口号，而是一个清晰而具体的目标，高校落实立德树人的任务其根本目的在于把学生培养成为拥护社会主义制度、德智体美劳全面发展的社会主义建设者和接班人。"[①] "立德"与"树人"之间存在紧密的内在联系和互补性，"立德"是"树人"的基础，没有道德作为基础的知识教育容易偏离正确的发展轨道，甚至可能培养出对社会有害的人才。

从教育的整体性而言，"立德"与"树人"相辅相成，共同构成完整的教育体系。道德教育是知识教育的灵魂，而知识教育是道德教育的载体。通过德育，学生不仅学会做人，还学会求知；通过知识教育，学生不仅获得技能，还能提升道德情操。两者的结合有助于培养出全面发展的人才，推动社会的进步和发展；反之，"树人"是"立德"的具体表现。道德教育只有通过实际的育人过程才能得到检验和落实。在教育

---

① 缪文武. 高校教育改革理论与实践研究[M]. 长春：吉林大学出版社，2023：6.

过程中，道德教育应与知识教育、能力培养相结合，只有这样才能培养出既有道德情操又有实际能力的全面发展人才。道德教育与全面发展是教育目标实现的双轮驱动，二者相辅相成，共同推动教育事业的发展。

在现代教育中，"立德树人"不仅是教育的核心任务，也是促进社会和谐与进步的重要途径。通过道德教育与全面发展的结合，教育能够更好地应对全球化和信息化带来的挑战，培养出适应时代需要的人才。因此，深入理解"立德树人"的内涵及其在教育实践中的具体应用，对推动教育改革和提高教育质量具有重要意义。

（二）"立德树人"的理论基础

现代教育理念强调以人为本、全面发展，与"立德树人"的教育目标高度契合。教育不仅要传授知识，更要培养学生的创新能力和实践能力。教育的目标应是培养具有独立思考能力和社会责任感的公民。在现代教育中，德育应与智育、体育、美育、劳动相结合，实现学生的全面发展，这种融合不仅体现在教育目标上，也体现在教育内容、教育方法和教育评价上。在教育内容上，应将德育融入各学科教学中，使德育成为课程的重要组成部分。在教育方法上，应采用多样化的教学手段，提高学生的参与度和积极性。在教育评价上，应建立多元化的评价体系，注重学生的全面发展和个性发展。

现代教育理念强调学生的主体地位和个性发展，强调教育过程的互动性和参与性。通过多样化的教育手段，教育可以更好地激发学生的学习兴趣，提升其学习效果。现代教育理念强调教育的社会责任，要求教育工作者在教学过程中关注学生的道德情操和社会责任感的培养。通过将现代教育理念与"立德树人"相结合，教育可以更好地实现培养全面发展人才的目标。在全球化和信息化的背景下，教育面临新的挑战和机遇。通过融合现代教育理念，教育可以更好地应对这些挑战，培养出适应时代需要的人才，为社会的发展和进步贡献力量。

二、"立德树人"理论在高校教学改革中的应用

（一）课程体系构建

1. 融入德育元素的课程体系设计

在构建以"立德树人"为核心的课程体系时，首要任务是认识到德育元素融入的必要性。"高校教学是培养高级专门人才和职业人员的主要社会活动，它是教育系统中互相关联的各个重要组成部分之一。"[①] 当前，高等教育面临着知识传授与道德教育相脱节的问题，部分学生虽掌握了扎实的专业知识，但在道德品质、社会责任感等方面存在不足。因此，将德育元素有机融入课程体系，不仅是对学生全面发展的必然要求，也是提升教育综合效益、促进社会和谐稳定的重要途径。

德育元素融入课程体系的策略。

第一，明确德育目标，细化课程设计。课程体系的设计应始于明确的德育目标设定，高校应根据国家教育方针、社会发展需求及学生成长规律，制定具有可操作性的德育目标体系。在此基础上，各学科课程需细化德育目标，确保德育内容与专业知识教学相辅相成。例如，在人文社科类课程中，应强化历史使命感、文化自觉性和国际视野的培养；在理工科课程中，则应注重科学精神、诚信意识和社会责任感的塑造。

第二，创新教学方法，强化德育实践。教学方法的创新是实现德育元素有效融入的关键，教师应采用案例教学法、讨论式教学、项目式学习等多种教学方法，引导学生在参与、体验、反思中深化对德育内容的理解。加强实践教学环节，通过社会实践、志愿服务、创新创业等活动，让学生在实践中感受道德的力量，增强社会责任感。例如，在法学课程中，组织学生参与法律援助、社区普法等活动，让学生在服务社会

[①] 丛红艳，房玲玲. 高校教学改革与文化的融合创新研究[M]. 长春：吉林人民出版社，2019：1.

中锻炼法律实践能力，培养法治信仰。

第三，构建跨学科德育平台，促进综合素养提升。跨学科课程作为培养学生综合素养的重要载体，其德育功能不容忽视，高校应构建跨学科德育平台，打破学科壁垒，促进不同学科间的交叉融合。通过设计涵盖伦理、法律、环境、社会等多维度的综合性项目，引导学生在跨学科学习中进行道德思考和价值判断。例如，开设"可持续发展与伦理"跨学科课程，邀请来自环境科学、经济学、伦理学等领域的专家共同授课，探讨如何在经济发展与环境保护之间找到平衡点，培养学生的生态文明意识和可持续发展观念。

第四，加强师资培训，提升德育能力。教师是课程体系构建与实施的主体，其德育能力直接影响德育效果。因此，高校应加强对教师的德育培训，提升其德育素养和教学能力。培训内容可包括德育理论、德育方法、心理健康教育、师德师风建设等方面。建立教师德育评价机制，将德育成效纳入教师考核体系，激励教师积极投身德育工作。

2. 跨学科课程中的德育渗透

（1）情境模拟与角色扮演。通过设计贴近现实的情境模拟和角色扮演活动，让学生在模拟环境中体验道德冲突与决策过程，培养其道德判断能力和解决问题的能力。

（2）案例分析与讨论。选取具有典型性和争议性的案例，组织学生进行分析与讨论。通过引导学生从不同角度审视问题，培养其批判性思维和道德推理能力。

（3）社会实践与调研。鼓励学生走出校园，参与社会实践和调研活动。通过亲身体验社会现象和问题，增进对社会的了解和认识，激发其社会责任感和使命感。

（4）团队合作与领导力培养。在跨学科项目中强调团队合作的重要性，通过小组合作完成任务的方式，培养学生的团队协作精神、沟通能力和领导力。在合作过程中融入德育元素，如诚信、尊重、责任等价值观的培养。

（二）教学方法创新

1. 案例教学法的德育功能

案例教学作为一种以实际案例为基础的教学模式，其核心价值在于通过具体情境的分析与讨论，促进学生批判性思维与道德判断能力的发展。在"立德树人"的语境下，案例教学成为一种强有力的德育工具。

（1）案例选取的德育导向性。案例的选择是案例教学成功的关键。教师应依据课程特点与德育目标，精心挑选具有代表性、时效性和争议性的案例，这些案例应能够触及社会热点、道德困境或伦理冲突，从而激发学生的道德思考与价值判断。例如，在法律课程中，选取涉及公平正义、人权保护等议题的案例，引导学生深入探讨法律背后的道德逻辑与社会责任；在伦理学课程中，则可通过历史或当代的伦理困境案例，促使学生反思个人行为与社会规范之间的关系。

（2）案例分析的互动与引导。案例分析过程中，教师应充分发挥引导作用，鼓励学生主动参与、积极发言。通过小组讨论、角色扮演、辩论等多种形式，营造开放、包容的学习氛围，让学生在互动中碰撞思想、交流观点。教师应适时引导，帮助学生识别案例中的道德元素，引导他们从多角度、多层次进行道德分析，形成正确的价值判断。

（3）案例反思与道德内化。案例教学的最终目的是促进学生道德观念的内化。因此，在案例分析结束后，教师应引导学生进行反思总结，将所学知识与个人经验相结合，形成自己的道德观念和行为准则。通过持续的案例学习与反思，学生的道德意识将逐渐增强，形成稳定而积极的道德品质。

2. 项目式学习的德育实践

项目式学习是一种以项目为核心的教学模式，强调学生在真实情境中通过团队协作解决问题、完成任务。在"立德树人"的实践中，项目式学习为学生提供了培养社会责任感与团队合作能力的绝佳平台。

（1）项目主题的德育价值。项目式学习的主题应紧密围绕社会热点、公益事业或学生兴趣点展开，确保项目具有明确的德育价值。例如，开展环保项目，引导学生关注环境问题、参与环保行动；或组织社区服务项目，让学生在服务中体验社会责任与奉献精神，这些项目不仅有助于学生掌握专业知识与技能，更能激发他们的社会责任感与公民意识。

（2）项目实施中的道德实践。项目实施过程中，学生需要面对各种挑战与问题，这些挑战往往涉及道德选择与价值判断。教师应鼓励学生勇于承担责任、积极面对困难，并在实践中践行诚信、尊重、合作等核心价值观。教师应关注学生在项目实施中的道德表现，及时给予肯定与指导，帮助他们树立正确的道德观念与行为准则。

（3）项目成果的德育评估。项目式学习的成果评估不仅应关注项目完成的质量与效果，更应重视学生在项目实施过程中的道德表现与成长。评估方式可包括学生自评、互评及教师评价等多种形式，重点考查学生的团队合作能力、社会责任感、创新思维及道德判断力等方面。通过全面的评估与反馈，学生能够更加清晰地认识到自己的优点与不足，从而有针对性地提升自我。

3. 利用信息技术提升德育效果

信息技术的飞速发展为高校德育提供了新的机遇与挑战。通过充分利用信息技术手段，教师可以丰富教学内容、创新教学方法、提升德育效果。

（1）多媒体教学资源的德育功能。多媒体技术能够将文字、图像、音频、视频等多种信息形式有机融合，为学生提供生动、直观的学习体验。在德育教学中，教师可以利用多媒体技术展示道德模范的事迹、社会热点问题的视频资料等，激发学生的道德情感与共鸣。通过制作精美的课件与动画，教师可以将抽象的道德概念具体化、形象化，帮助学生更好地理解与掌握。

（2）网络平台的德育资源共享与互动。网络平台为德育资源的共享与互动提供了便利条件，高校可以建立专门的德育网站或利用现有的在线学习平台，发布丰富的德育资源供学生自主学习，这些资源可以包括德育课程视频、道德故事集、社会热点评论等。网络平台还可以为学生提供在线讨论、交流心得的空间，促进学生之间的思想碰撞与情感交流。通过参与网络讨论与学习，学生的道德意识与价值判断能力将得到进一步提升。

（3）信息技术在德育效果评估中的应用深化。在信息化时代，德育效果的评估不再局限于传统的纸质问卷、课堂观察和口头反馈，而是可以借助大数据、人工智能等先进技术实现更加精准、全面的评估，不仅提高了评估的效率，也增强了评估的科学性和客观性。

第一，数据驱动的个性化评估。通过收集学生在学习过程中的各类数据，如在线学习时间、互动频率、作业完成情况、讨论参与度等，结合学生的个人信息和学习偏好，可以构建学生个体的学习画像，这种数据驱动的个性化评估能够精准识别学生在德育方面的强项与弱项，为教师提供针对性的教学干预策略。例如，对于在团队合作中表现欠佳的学生，系统可以推荐相关的在线协作课程或实践活动，帮助他们提升团队合作能力。

第二，情感分析与道德情感监测。利用自然语言处理和情感分析技术，可以对学生在网络平台上的发言、评论进行情感倾向分析，从而监测学生的道德情感变化，这有助于教师及时发现学生在道德认知或情感方面可能存在的问题，并采取相应的引导措施。例如，当系统检测到学生在讨论中频繁表达消极情绪或极端观点时，教师可以主动介入，通过一对一交流或小组讨论的方式，帮助学生调整心态，树立正确的道德观念。

第三，形成性评价与即时反馈。信息技术使得形成性评价成为可能，即在教学过程中不断收集学生的学习数据，进行即时分析并提供反馈，这种评价方式有助于教师及时了解学生的学习进展和德育效果，调整教学策略，确保教学活动始终围绕"立德树人"的目标展开。即时反馈也能激发学生的学习动力，让他们明确自己的学习目标和努力方向。例如，在在线学习平台上，学生完成某项德育任务后，系统可以立即给出评分和详细反馈，帮助学生了解自己在哪些方面做得好，哪些方面需要改进。

第四，智能推荐与个性化学习资源。基于学生的学习数据和兴趣偏好，智能推荐系统可以为学生推荐个性化的学习资源，包括德育课程、案例分析、阅读材料等，这些资源不仅符合学生的实际需求和学习水平，还能激发他们的学习兴趣和积极性。通过个性化的学习资源推荐，学生可以更加自主地选择适合自己的学习内容，提高学习效率和质量。同时，这种学习方式也有助于培养学生的自主学习能力和终身学习的意识。

（三）评价体系改革

1. 建立综合性的学生评价体系

（1）评价内容的全面拓展。为实现学生全面发展的目标，评价体系需从单一的知识掌握评价向知识、能力、素质等多维度拓展。其学术成绩作为评价的基础，应继续保留并优化，确保其科学性和公正性，通过日常行为观察、志愿服务参与、道德案例分析等方式进行评价。实践能力与创新能力作为现代社会对人才的重要要求，也应被纳入评价体系，通过实习实训、科研项目、创新竞赛等实践活动的表现来评估学生的综合能力。

（2）评价方法的多样化创新。评价体系需引入过程性评价，关注学生学习过程中的态度、努力程度及进步情况；结合自我评价与互评，鼓励学生自我反思与相互学习，增强评价的互动性和参与性；利用现代信息技术手段，如大数据分析、学习管理系统等，实现评价数据的实时收集与分析，提高评价的精准度和效率。

（3）个性化评价与特长发展的重视。每个学生都是独一无二的个体，拥有不同的兴趣、潜能和发展路径。因此，评价体系应充分尊重学生的个性差异，实施个性化评价策略。通过个性化学习计划、差异化教学指导等方式，识别并培养学生的特长和潜能；在评价过程中，注重对学生个性特质的认可与鼓励，激发其内在动力，促进其全面而有个性的发展。

2. 强化德育评价在教师考核中的比重

（1）德育评价地位的明确与提升。教师作为"立德树人"的直接实施者，其德育工作的成效直接影响学生的道德品质与人格发展。因此，在教师考核体系中，应明确德育评价的重要地位，将其与教学能力、学术水平等并列作为考核的主要维度。通过制定详细的德育评价标准与指标，确保德育评价的科学性和可操作性；加大德育评价在教师绩效考核中的权重，引导教师重视并积极参与德育工作。

（2）多元化评价机制的构建。为确保德育评价的全面性和公正性，应构建多元化的评价机制。除传统的领导评价外，还应引入学生评价、同事评价等多元评价主体，从多个角度、多个层面了解教师在德育工作中的表现与贡献。学生评价能够直接反映教师德育工作的实际效果与学生的满意度，同事评价能够从同行视角审视教师的德育工作方法与成效。此外，还可通过家长反馈、社会评价等方式拓宽评价渠道，形成全方位的德育评价网络。

（3）德育工作支持体系的完善。为提高教师的德育能力和素养，推动德育工作的深入开展，高校应建立完善的德育工作支持体系。具体而言，可通过建立德育工作档案，记录教师在德育工作中的表现与成果；定期开展德育工作交流与研讨活动，分享成功经验与典型案例；加强德育理论与实践培训，提升教师的德育专业素养；设立德育工作专项基金或奖励机制，对在德育工作中表现突出的教师给予表彰和奖励。

德育评价在教师考核中应当占有重要的地位。在教师考核中，不仅要关注他们的教学能力和学术水平，还要注重他们在德育工作中的表现和贡献。通过强化德育评价，可以引导教师更加重视德育工作，提高他们的德育能力和素养。在具体实施过程中，可以通过学生评价、同事评价、领导评价等多种途径，对教师的德育工作进行全面考核。此外，还可以通过建立德育工作档案、开展德育工作交流和研讨等方式，提高教师的德育水平和能力，推动德育工作的深入开展。

（四）师资队伍建设

1. 提升教师的德育素养与教学能力

（1）强化师德建设，树立师德典范。师德是教师职业道德的简称，是教师从事教育教学工作时应遵循的行为规范和道德准则。提升教师德育素养，首要任务是加强师德建设。高校应建立健全师德教育机制，通过定期组织师德讲座、研讨会，邀请师德标兵分享经验，引导教师树立正确的职业观、教育观和学生观；建立师德评价体系，将师德表现作为教师考核、晋升的重要依据，激励教师自觉遵守师德规范，争做学生健康成长的引路人和指导者。

（2）促进专业发展，提升教学能力。教学能力是教师职业素养的重要组成部分，直接关系到教学质量和效果。高校应重视教师的专业发展，通过提供多样化的培训机会，如国内外学术交流、教学法工作坊、在线课程学习等，帮助教师更新教育理念，掌握现代教育技术和方法；

鼓励教师参与科研项目，将科研成果转化为教学资源，丰富教学内容，提高教学深度和广度；建立教学激励机制，表彰在教学改革、教学质量提升方面做出突出贡献的教师，激发教师的教学热情和创造力。

2. 建立德育导师制度，加强师生交流

（1）构建个性化指导体系。德育导师制度是实现师生深度交流、精准育人的有效模式。高校应根据学生特点和需求，为每位学生配备具有丰富教育经验和较高德育素养的德育导师。德育导师不仅负责学业指导，更要关注学生的心理健康、品德修养和职业规划等方面，提供全方位、个性化的指导和帮助；通过定期面谈、书信交流、网络互动等方式，建立稳定的师生关系，增强学生对导师的信任感和归属感。

（2）强化导师责任意识与能力提升。德育导师的素质和能力直接影响指导效果。高校应加强对德育导师的选拔和培训，明确导师职责和要求，确保导师具备较高的政治素养、道德品质和业务能力；建立导师考核机制，将指导效果纳入教师评价体系，激励导师认真履行职责，不断提升指导能力和水平；鼓励导师之间开展经验交流和合作研究，共同探索德育工作的新途径和新方法。

3. 创新师资队伍建设机制

（1）优化师资结构，增强团队合力。高校应根据学科特点和教学需求，合理配置师资资源，优化师资结构。通过引进高层次人才、培养青年骨干教师、聘请兼职教师等方式，构建一支年龄结构合理、学院结构多元、专兼职相结合的师资队伍。加强教师团队建设，鼓励教师之间开展跨学科合作与交流，形成优势互补、协同创新的良好氛围，共同推动"立德树人"工作的深入开展。

（2）完善评价体系，激发教师潜能。建立科学合理的教师评价体系是激发教师潜能、促进教师成长的重要保障。高校应围绕"立德树人"目标，构建以师德为先、教学为基、科研为翼、社会服务为补充的

多元化评价体系。在评价过程中，注重过程评价与结果评价相结合、定量评价与定性评价相结合、同行评价与学生评价相结合，确保评价结果的客观性和公正性。将评价结果作为教师职称晋升、岗位聘任、绩效奖励等的重要依据，激励教师积极投身教育教学工作，为实现"立德树人"目标贡献力量。

第二节 共建式课堂理论

一、共建式课堂理论的框架体系

（一）共建式课堂的特征

共建式课堂作为一种旨在革新传统教学模式的新型教育理念，其主要在于构建一个以师生平等参与、知识协同创生为核心的学习环境，这一模式深刻地挑战了传统教育体系中教师作为知识唯一传递者的角色定位，转而强调一个开放、动态且相互依存的学习生态系统。在这一系统中，知识的生成不再仅仅依赖于教师的讲授，而是通过师生间的深度对话、合作探究以及学生间的互动协作共同实现。共建式课堂的特征主要包括以下方面。

第一，师生共同参与。在教学活动的每一个环节中，从教学目标的设定、教学内容的选择、学习资源的整合，到学习过程的组织、学习成果的展示与评价，都应融入师生的共同智慧与努力。教师是成为学习过程的引导者、促进者和伙伴，与学生一同探索未知、解决问题。学生则在这一过程中逐渐摆脱被动接受的角色，转变为积极的参与者、思考者和创造者。

第二，知识共建。共建式课堂强调知识的动态性和生成性，知识不是孤立存在、静止不变的，而是在不断交流、讨论和实践活动中逐步构建和完善的，这一过程中，学生不再是知识的被动接受者，而是通过主动思考、提问、讨论和反思，与教师和同伴共同构建知识体系，这种知识共建的过程不仅促进了学生对知识的深入理解，还培养了他们的批判性思维、创新能力和团队协作能力。

第三，促进学生自主学习与合作交流。共建式课堂鼓励学生自主学习，倡导学生通过自我探索、资料搜集和分析等方式，主动构建知识体系。通过小组讨论、项目合作等形式，学生可以在相互学习、相互启发中深化对知识的理解和应用，这种合作学习不仅有助于培养学生的社会交往能力和团队协作能力，还能激发他们的学习兴趣和动力。

（二）共建式课堂的理论基础

共建式课堂的理论根基广泛而深厚，它汲取了建构主义学习理论、交互式教学理论和混合式学习理论等先进教育理念的精髓，主要包括以下方面。

第一，建构主义学习理论。建构主义学习理论为共建式课堂提供了坚实的理论基础，学习是一个主动建构知识的过程，学习者通过已有的知识经验对新信息进行加工、处理和整合，从而构建出个人的知识体系。在共建式课堂中，学生被鼓励运用自己的先验知识和经验去理解和解释新知识，通过师生间的互动和合作，不断丰富和完善自己的知识结构，这一过程不仅促进了学生对知识的深入理解，还培养了他们的自主学习能力和创新思维。

第二，交互式教学理论。交互式教学理论强调教学过程中的师生互动和生生互动的重要性，这种互动是促进学生有效学习的重要手段。在共建式课堂中，师生间的对话、讨论和合作成为常态。通过不断地交互反馈，学生可以在教师的引导下逐步深入问题的核心，发现知识的内在逻辑和联系。生生之间的互动也为他们提供了相互学习、相互启发的机会，促进了思维的活跃和知识的深化。

第三，混合式学习理论。混合式学习理论为共建式课堂提供了灵活多样的教学手段和方式，该理论主张将传统面对面教学与在线学习的优势相结合，通过线上资源与线下活动的有机结合，实现教学效果的最大化。在共建式课堂中，教师可以通过线下面对面的互动和合作，保持教学过程的深度和广度，确保学生获得全面而深入的学习体验。

（三）共建式课堂与传统课堂的对比

1. 教学模式对比

传统课堂通常采用教师讲授、学生听讲的教学模式，知识传授以单向为主，这种教学模式虽然能够确保知识的系统性和完整性，但往往忽视了学生的个体差异和学习需求。而共建式课堂则强调师生共同参与、知识共建的教学模式。通过师生互动、生生互动等多种方式，实现知识的动态生成和深化，这种教学模式更加关注学生的主体性和创造性，有助于培养他们的自主学习能力和创新思维。

2. 师生角色对比

在传统课堂中，教师往往扮演着知识权威和传授者的角色，而学生则是被动的接受者，这种角色定位不仅限制了学生的学习主动性和创造性，还可能导致师生关系的疏离和紧张。而在共建式课堂中，教师的角色发生了根本性的转变。他们不再是单纯的知识灌输者，而是成为学习过程的引导者、促进者和合作伙伴。学生则成为学习的主体和知识的主动探索者，这种师生角色的转变不仅促进了师生之间的平等交流和相互尊重，还激发了学生的学习兴趣和动力。

3. 评价方式对比

传统课堂往往以考试成绩作为评价学生学习成果的主要依据，注重结果性评价，这种评价方式虽然能够客观地反映学生的学习成果，但往往忽视了学生在学习过程中的努力和进步。而共建式课堂则更加注重过程性评价与结果性评价的结合。通过观察学生在学习过程中的表现、参与度和创新能力等方面，全面评价学生的学习成果。

二、共建式课堂在高校教学改革中的实施策略

（一）课程内容与资源的共建共享

在高等教育领域，随着信息技术的飞速发展和教育理念的深刻变革，共建式课堂作为一种新兴的教学模式，正逐步成为推动高校教学改革、促进知识创新与共享的重要途径。共建式课堂强调教师、学生乃至行业专家之间的深度合作与互动，通过课程内容与资源的共建共享，构建一个开放、协同、动态的学习环境。

1. 开放式课程设计的理论与实践

（1）开放式课程设计的理论框架。开放式课程设计是共建式课堂的核心要素，它要求教育者摒弃传统的封闭式教学观念，转而采用一种更加灵活、包容、开放的设计思路，这一理念基于建构主义学习理论，认为知识是在学习者与环境互动中主动建构的，因此课程内容应充分考虑学生的主体性、多样性和动态性。后现代课程观也强调课程的非线性、情境性和多元解读，为开放式课程设计提供了理论支撑。

（2）开放式课程设计的实践策略。

第一，跨学科融合。高校应鼓励教师打破学科壁垒，进行跨学科课程设计，将不同领域的知识、技能和方法有机融合，培养学生的综合素养和创新能力。例如，在环境科学课程中融入社会学、经济学内容，引

导学生从多角度审视环境问题。紧跟学科前沿动态，将最新研究成果、技术进展融入课程内容，保持课程的时效性和先进性。

第二，学生参与机制。建立学生参与课程设计的长效机制，通过问卷调查、座谈会、项目合作等方式收集学生意见，使课程内容更加贴近学生兴趣和需求。鼓励学生参与课程大纲制定、教学内容选择等环节，培养其自主学习和批判性思维能力。

第三，灵活性调整。根据教学效果和学生反馈，灵活调整课程内容、教学方法和评价体系，形成动态优化的课程设计循环。利用大数据分析技术，对学生的学习行为进行跟踪分析，为课程内容调整提供科学依据。

2. 数字化教学资源库的共建共享体系构建

数字化教学资源库作为共建式课堂的重要基础设施，其共建共享程度直接影响到教学质量和学习效果。一方面，丰富的数字化教学资源能够为学生提供多样化的学习路径和个性化学习支持；另一方面，资源的共建共享有助于促进知识创新、降低教学成本、提高资源利用效率。

数字化教学资源库的共建共享体系构建的建设路径。

第一，资源整合与优化。高校应成立专门机构负责数字化教学资源的整合工作，对校内外各类优质教学资源进行筛选、分类、加工和标准化处理，形成统一规范的资源库体系；注重资源的更新和维护，确保资源内容的时效性和准确性。

第二，平台建设与推广。构建功能完善、操作便捷的数字化教学资源平台，支持资源的上传、下载、浏览、评价等功能。通过线上线下相结合的方式推广平台使用，提高师生对资源库的认知度和使用频率。

第三，激励机制设计。建立有效的激励机制，鼓励教师和学生积极上传自己创作的教学资源。例如，可以设置资源贡献度积分制度，将积分与职称评定、奖学金评选等挂钩；或者设立优秀资源奖项，对优秀资源进行表彰和奖励。

第四，版权保护与共享协议。在推动资源共建共享的同时，注重版权保护问题。制定明确的版权政策和共享协议，明确资源的所有权、使用权和收益分配等事项，保障创作者的合法权益。加强对侵权行为的监管和打击力度，维护资源库的健康发展。

第五，国际交流与合作。加强与国际高等教育机构的交流与合作，引进国外优质教学资源，同时输出我国特色教学资源，提升我国高等教育在国际上的影响力和竞争力。通过跨国界的共建共享活动，促进全球教育资源的优化配置和共同发展。

3. 共建式课堂对高校教学改革的深远影响

共建式课堂对高校教学改革产生了深远的影响。一方面，它促进了师生角色的转变和关系的重构，使教师从知识的传授者转变为学习的引导者和促进者，学生从被动接受者转变为主动探索者和创造者；另一方面，它推动了教学资源的优化配置和高效利用，提高了教学质量和学习效果。更重要的是，共建式课堂为高校培养具有创新精神和实践能力的高素质人才提供了有力支撑和广阔空间。

（二）教学方法与手段的革新

在当今高等教育体系不断深化改革的大背景下，共建式课堂作为一种新兴的教学模式，正逐步成为推动教学质量提升、促进学生全面发展的关键力量。共建式课堂强调以学生为中心，通过构建开放、互动、协作的学习环境，实现知识的共同创造与分享，进而培养学生的批判性思维、创新能力及团队合作精神。

1. 合作学习的深度发展

合作学习作为共建式课堂的重要组成部分，其核心价值在于通过学生之间的相互依赖和协作，实现知识的共享与思维的碰撞。在共建式课堂中，合作学习不仅限于简单的小组讨论或角色扮演，而是贯穿于整个教学过程之中，成为推动学生深度学习和创新发展的重要动力。为了实现合作学习的深度发展，教师需要精心设计合作学习任务，确保任务具有挑战性、开放性和可合作性。教师还需为学生提供必要的指导和支持，帮助他们建立有效的合作机制，如明确角色分工、制定合作规则、建立沟通渠道等。教师还应注重培养学生的合作意识和合作技能，如倾听他人意见、表达个人观点、协调团队矛盾等，以确保合作学习的顺利进行。在合作学习的过程中，学生之间的互动与交流成为知识共享与思维碰撞的主要渠道。通过小组讨论、头脑风暴、同伴互助等形式，学生可以分享彼此的观点、经验和资源，共同解决问题，完成学习任务，促进知识的深度学习和应用。

2. 信息技术与教学深度融合

在共建式课堂的教学中，信息技术的深度融合为教学方法与手段的革新提供了强有力的支撑。通过利用现代信息技术手段，如多媒体教学、在线学习平台、虚拟现实技术等，提高教学效果。

（1）多媒体教学技术的广泛应用为课堂教学注入了新的活力。通过图片、音频、视频等多种媒体形式的结合，教师可以将抽象复杂的知识概念以更加直观、形象的方式呈现给学生，帮助他们更好地理解和掌握，使学生能够在更加开放、自由的环境中进行自主学习和合作探究。

（2）在线学习平台的兴起为共建式课堂提供了更加便捷、高效的教学管理工具。教师可以通过在线平台发布教学资源、布置作业、组织讨论等，学生可以通过在线平台随时随地进行学习、交流和反馈，实现学习过程的自主化和个性化，这种线上线下相结合的教学模式不仅提高了教学效率和质量，还促进了师生之间的有效沟通和互动。

（3）虚拟现实技术的引入为共建式课堂带来了前所未有的沉浸式学习体验。学生可以身临其境地参与到各种模拟场景和实验环境中去，进行虚拟操作和实践探索，这种学习方式不仅能够激发学生的学习兴趣和探索欲，还能帮助他们在接近真实的情境中深化对知识的理解和应用，提升解决实际问题的能力。

（三）师生角色与互动模式的转变

随着教育理念的不断革新与深化，共建式课堂作为一种新兴的教学模式，正逐步在高校教学改革中占据重要地位。该模式的核心在于通过师生角色的重新定位与互动模式的根本性转变，促进知识的共同构建与深度理解。

1. 教师角色的深刻转变

在传统的教学模式中，教师往往被定位为知识的权威传授者，其主要职责是向学生灌输既定的知识体系。在共建式课堂中，教师的角色发生了根本性的变化，他们不再仅仅是知识的传递者，而是转变为引导者、促进者和合作伙伴，共同参与到知识的探索与构建过程中。

（1）引导者的角色。在共建式课堂中，教师需要设计并实施富有启发性和挑战性的教学活动，关注学生的学习进程，及时发现并引导他们解决学习中遇到的问题，确保学习路径的顺畅与高效。

（2）促进者的角色。在共建式课堂中，教师需发挥促进者的作用，为学生的学习提供必要的支持和帮助，这包括提供丰富的学习资源、推荐适合的学习方法和工具、组织有效的学习讨论等。教师还需关注学生的学习状态和心理变化，通过鼓励、激励和反馈等方式，帮助学生树立信心、克服困难、保持积极的学习态度。

（3）合作伙伴的角色。在共建式课堂中，教师与学生的关系不再是简单的"教"与"学"的关系，而是转变为平等的合作伙伴关系。教师需要放下身段，倾听学生的想法和意见，与他们共同探索知识的奥秘、构建知识体系，这种合作伙伴的关系不仅有助于增进师生之间的情感联系，还能促进学生的主动学习和深度理解。

2. 学生角色的重塑

在共建式课堂中，学生需要从被动的接受者转变为主动的探索者和创造者，积极参与到知识的构建和应用过程中。

（1）主动探索者。在共建式课堂中，学生需要摆脱对传统教学模式的依赖和束缚，主动提出问题、寻找答案、探索未知。他们应充分利用教师提供的学习资源和指导，结合自己的兴趣和需求，开展自主学习和探究。

（2）合作创造者。在共建式课堂中，学生之间的合作与交流尤为重要。他们需要学会与同伴共同解决问题、完成任务、分享成果。通过小组讨论、项目合作等形式，学生可以相互学习、相互启发、相互支持，共同推动知识的构建和深化。

（3）自我反思者。在共建式课堂中，学生需具备自我反思的能力。他们应不断回顾和总结自己的学习过程，分析自己的优点和不足，明确未来的学习方向和目标。通过自我反思，学生可以更好地认识自己、提升自己，为未来的学习和生活奠定坚实的基础。

3. 建立多元化的互动交流平台

高校应建立多元化的互动交流平台，这些平台应覆盖线上和线下两个维度，为师生提供便捷、高效、深入的交流机会。

（1）线上交流平台。高校可以利用现代信息技术手段，建立在线论坛、微信群、腾讯QQ群等线上交流平台，这些平台可以实现师生之间的即时沟通和交流，方便他们随时随地进行学术讨论、答疑解惑、分享资源和经验。线上交流平台还可以记录学生的学习轨迹和交流记录，为教学评价和反馈提供有力支持。

（2）线下互动空间。除了线上交流平台外，高校还应注重线下互动空间的营造，这包括教室、实验室、图书馆、讨论室等实体场所的布置和利用，这些场所应具备良好的学习环境和设施条件，能够满足师生之间的面对面交流和合作需求。高校还可以定期举办学术讲座、研讨会、工作坊等活动，为师生提供更多的交流机会和展示平台。

（3）融合线上线下。为了实现最佳的教学效果和互动体验，高校应积极探索线上线下融合的互动模式。通过线上资源的丰富性和便捷性与线下互动的深入性和真实性相结合，形成优势互补、相互促进的良好局面。例如，教师可以利用线上平台发布预习任务、分享学习资料、组织在线讨论等；在线下课堂上进行深度讲解、实验操作、小组讨论等活动，这种融合式的互动模式不仅可以提高教学效率和质量，还能促进学生的全面发展和深度理解。

（四）高校教学改革共建式课堂的评价体系的改革

共建式课堂强调师生共同参与、互动合作，旨在通过构建开放、包容、创新的学习环境，促进学生深度学习、批判性思维和团队协作能力的提升。为实现这一目标，构建一套科学合理、适应性强的评价体系显得尤为重要。

1. 过程性评价与结果性评价的深度融合

（1）过程性评价的细化与量化。在共建式课堂中，学生的学习过程不再仅仅是知识的被动接受，而是主动探索、合作交流的过程。因此，评价体系需更加注重对学生学习过程的全面捕捉与深入分析。具体而言，可以通过以下方式实现过程性评价的细化与量化。

第一，学习态度观察。学习态度的观察是过程性评价的核心组成部分，这可以通过多种方式实现，如课堂观察、学习日志记录、在线学习行为数据分析等。评价体系可以记录学生在课堂讨论中的积极性、作业完成的及时性和质量、课堂参与度等，这些指标能够反映出学生对学习的投入程度和兴趣变化。例如，通过观察学生参与讨论时的积极性，教师可以了解学生对课程内容的理解深度以及对所学知识的兴趣，进一步分析其学习态度的动态变化。

第二,参与度评估。参与度评估是过程性评价中的重要环节。设计小组合作学习任务,通过小组互评、教师观察等方法,可以有效评估学生在团队中的贡献度、协作能力及领导力等。学生在小组合作中表现出的沟通能力、团队合作精神以及在团队中扮演的角色(如领导者或协作者)是参与度评估的重点。在此过程中,教师应关注学生在不同情境下的表现,识别其优势与不足,以便为学生提供更有针对性的指导和支持。

第三,合作学习效果。合作学习是共建式课堂的重要特征之一。通过分析学生在小组讨论、项目合作中的表现,可以考查其沟通能力、批判性思维及问题解决能力的发展情况,关注学生在合作任务中展现的创造性解决问题的能力、逻辑推理能力以及团队沟通的有效性,这不仅有助于评价学生的学习成果,也能够帮助学生在实际应用中进一步提升其合作与交流能力。

(2)结果性评价的多元化与灵活性。结果性评价作为对学生学习成果的直接检验,需要适应共建式课堂的特点,实现多元化与灵活性,主要包括以下方面。

第一,考试形式的创新。传统的闭卷考试形式难以全面评估学生的知识掌握和应用能力。因此,结果性评价需要引入多种创新形式,如开卷考试、论文撰写、口头报告、实践操作等。通过这些多样化的考核方式,可以更全面地评估学生的学习成果。例如,开卷考试可以测试学生对知识的理解和应用能力,论文撰写则可以考查学生的研究能力和批判性思维,而口头报告可以展示学生的表达能力和自信心。

第二,作业与项目的综合评价。在结果性评价中,作业与项目的综合评价是关键环节。通过鼓励学生参与跨学科、实践性的作业和项目,教师可以通过作品展示、同行评审、教师点评等方式,全面评价学生的创新能力、实践能力和综合素质,这种评价方式不仅能够展示学生的学习成果,还可以激励学生在实践中不断探索和创新。

第三，个性化评价标准。针对不同学生的学习特点和发展需求，制定个性化的评价标准是实现结果性评价灵活性的重要手段，这要求教师对学生进行深入了解，根据其个性化学习路径和目标，为其制定适合的评价标准。个性化评价标准能够确保评价的公平性和有效性，使每位学生都能在其特定的发展轨迹中获得认可和指导。

2. 评价反馈机制的优化与强化

（1）即时反馈与延迟反馈相结合。在共建式课堂中，即时反馈能够迅速帮助学生调整学习策略，提高学习效率；延迟反馈则有助于学生深入思考、自我反思。因此，评价体系应构建即时反馈与延迟反馈相结合的机制。

第一，即时反馈。利用课堂互动平台、在线学习系统等工具，教师可以实现对学生课堂表现、作业提交等行为的即时反馈。通过即时反馈，学生可以及时发现问题并寻求解决方案。例如，教师可以通过在线平台提供实时评论，指出学生在学习过程中的问题和不足，帮助其及时调整学习策略。

第二，延迟反馈。对于复杂的作业、项目或考试，教师应给予充分的时间进行细致评阅，并提供详细的反馈意见和改进建议，这种延迟反馈能够鼓励学生进行深度反思和自我提升。教师在反馈中应注重指出学生的优点与不足，提出改进建议，并鼓励学生在未来的学习中进行改进和完善。

（2）促进师生、生生之间的互评与交流。互评与交流是评价反馈机制的重要组成部分。通过互评，学生可以学会从他人的角度审视自己的学习和表现；通过交流，学生可以分享经验、相互启发。因此，评价体系应鼓励师生、生生之间的互评与交流。

第一，建立互评机制。在小组合作学习、项目合作等环节中，引入互评机制，可以让学生相互评价对方的贡献度、合作态度等，增强团队合作意识和责任感，这不仅有助于学生自我反思，还可以通过他人反馈获得多角度的评价信息。

第二，搭建交流平台。利用网络平台、线下研讨会等形式，为学生提供交流学习心得、分享学习资源的平台，促进知识的共享与创新。交流平台不仅为学生提供了学习交流的空间，也为教师与学生之间的互动提供了便利。

3. 多元化评价体系的构建与实施

（1）评价主体的多元化。在共建式课堂中，评价主体不再局限于教师，而应包括学生自评、同伴互评、教师评价以及校外专家评价等多个方面，这种多元化的评价主体能够更全面地反映学生的学习情况和发展水平。

第一，学生自评。鼓励学生进行自我反思和总结是评价主体多元化的重要环节。通过自评，学生能够更清晰地认识自己的学习状态和进步，培养自主学习能力和自我发展能力。在自评过程中，学生需要结合自身学习目标，进行全面的自我评价和反思。

第二，同伴互评。同伴互评能够促进学生之间的相互理解和合作。通过互评，学生可以增进对彼此的了解，分享不同的学习经验，促进共同进步。同伴互评的过程不仅能够提升学生的批判性思维能力，也有助于增强其合作与沟通能力。

第三，教师评价。教师作为专业指导者，在评价体系中起着关键作用。教师应提供客观、专业的评价意见和建议，帮助学生明确学习方向和目标。在教师评价中，重点在于提供建设性的反馈，帮助学生在未来的学习中实现更好的发展。

第四，校外专家评价。对于实践性较强的项目或作业，引入校外专家进行评价和指导，可以提升学生的实践能力和社会认可度。校外专家评价为学生提供了外部的专业视角，帮助其在实践中更好地应用所学知识，并获得社会的广泛认可。

（2）评价内容的全面化。评价体系应涵盖知识掌握、能力发展、情感态度等多个方面，以全面反映学生的综合素质和发展潜力。

第一，知识掌握。评价学生对课程知识点的理解和掌握程度是评价内容的基础部分，这涉及对学生学习内容的全面检查，确保其掌握必要的知识和技能。

第二，能力发展。能力发展包括批判性思维、创新能力、团队协作能力、沟通表达能力等多种能力的发展情况。在评价中，应注重考查学生在各类任务中的能力表现，帮助其识别和提升关键能力。

第三，情感态度。情感态度评估学生的学习态度、价值观、责任感等情感因素的发展状况。通过情感态度的评估，可以更好地了解学生的学习动机和投入情况，促进其全方位的发展。

（3）评价方法的多样化。为实现评价内容的全面化，评价体系应采用多样化的评价方法。

第一，形成性评价与总结性评价相补充。形成性评价关注学生学习过程中的进步与变化，及时提供反馈以促进学习；总结性评价则是对学习成果的最终评估，为教学改进提供依据。两者相辅相成，共同构成完整的评价体系。

第二，自我评价与外部评价相融合。自我评价能够激发学生的自我意识和自主学习能力；外部评价则能提供更为客观和全面的视角。通过将两者有机融合，可以更加准确地反映学生的真实水平和发展需求。

4. 技术支撑与数据驱动的评价体系创新

随着信息技术的快速发展，大数据、人工智能等技术在教育领域的应用日益广泛。高校教学改革中的共建式课堂评价体系也应充分利用这些技术手段，实现评价体系的创新与优化。

（1）利用大数据技术进行学情分析。通过收集和分析学生在学习过程中的海量数据，如学习时长、资源访问记录、互动行为等，可以揭示学生的学习习惯和偏好，发现潜在的学习问题和困难，这些数据为教师提供了精准的教学反馈和个性化的教学建议，有助于提升教学质量和效果。

（2）引入人工智能技术辅助评价。人工智能技术在自然语言处理、图像识别等领域具有强大优势，可以应用于作业批改、论文查重、口语评价等方面。通过引入人工智能技术，可以实现评价过程的自动化和智能化，提高评价效率和准确性。人工智能技术还可以对学生的学习表现进行深度挖掘和分析，为教师和学生提供更加全面和深入的反馈。

第三节　在线课程建设改革理论

一、高校在线课程建设现状分析

（一）在线课程建设的政策支持与资金投入

近年来，随着信息技术的高速进步与全球教育体系的深刻转型，高校在线课程建设已成为推动教育现代化、实现教育公平与质量提升的关键力量。"高校在线课程是利用信息技术整合教学内容，将各类课程资源依托在线教学平台或工具呈现给学生，并采用多样化的方式评估学生学习效果，从而形成完整系统的在线教学共同体。"[①]政府及高等教育机构积极响应时代变革，通过制定一系列具有前瞻性的政策与规划，为在线教育的蓬勃发展奠定了坚实的基础，不仅明确了"互联网+教育"的战略方向，还具体提出了构建新型教育生态体系的宏伟蓝图，旨在通过技术创新推动教育资源的优化配置与高效利用。

---

① 王艳萍，胡月霞．高校在线课程建设与应用的研究与思考［J］．南北桥，2021（7）：160.

高校可以设立专项基金用于支持在线教育平台开发、课程资源建设、教师技术培训等关键环节，这些资金不仅直接促进了高校在线课程建设的加速推进，还通过激励机制鼓励高校积极探索在线教育的新模式、新方法。政府还通过税收优惠、项目补贴等方式，引导社会资本向在线教育领域流动，形成了政府主导、市场运作、社会参与的多元化资金投入格局，为高校在线课程建设的可持续发展提供了坚实的资金保障。此外，高校自身也积极行动，通过争取政府资助、加强校企合作、动员社会捐赠等多种渠道筹集资金，确保在线课程建设的顺利进行。部分高校还设立了专门的在线教育发展基金，用于资助具有创新性和示范性的在线课程项目，进一步激发了高校师生的参与热情与创造力。

（二）高校在线课程平台与技术应用

1. 主流在线课程平台

当前，高校在线课程平台呈现出百花齐放、竞相争艳的发展态势，其中MOOCs（慕课）与SPOCs（小规模在线课程）作为两大主流模式，尤为引人注目。MOOCs以其全球性的覆盖范围、海量的课程资源、灵活的学习模式，成为连接世界各地学习者的桥梁，这些知名平台不仅汇聚了众多世界一流大学的精品课程，还通过先进的技术手段实现了学习过程的全程跟踪与个性化服务，为学习者提供了前所未有的学习体验。相比之下，SPOCs则更加注重课程的精细化管理与个性化教学，它通常面向特定学生群体（如校内学生、企业员工等）开设，通过限制注册人数、设置课程门槛、提供定制化教学内容与辅导服务等方式，实现了对学习者的精准定位与高效培养，这种教学模式不仅有助于提升教学质量与学习成效，还促进了师生之间的深度交流与互动。

2. 技术创新在在线课程中的应用

随着人工智能、大数据、虚拟现实/增强现实等前沿技术的不断突破与融合应用，高校在线课程建设正迎来一场深刻的技术革命。人工智能技术通过智能分析学习者的学习行为数据，能够精准识别其学习需求与偏好，并据此推荐个性化的学习路径与资源，实现了教学过程的智能化与精准化。大数据技术则通过对海量学习数据的深度挖掘与分析，揭示了学习过程中的内在规律与潜在问题，为教育决策与教学质量提升提供了科学依据。虚拟现实/增强现实技术的引入更是为在线教育带来了前所未有的沉浸式学习体验。通过模拟真实场景或实验环境，学习者能够身临其境地参与到学习过程中，与虚拟对象进行互动操作与探索实践，从而加深对知识的理解与掌握，这种学习方式不仅增强了学习的趣味性与互动性，还提高了学习者的参与度与满意度。

（三）师生对在线课程的接受度与反馈

从师生反馈的角度而言，高校在线课程建设已经取得了显著成效并得到了广泛认可。对于教师而言，在线课程为他们提供了更加灵活多样的教学手段与资源支持。教师可以通过在线平台发布课程资料、组织在线讨论、批改作业与答疑等教学活动，打破了传统课堂的时空限制，实现了教学过程的远程化与异步化。在线课程平台提供的数据分析工具还能够帮助教师及时了解学生的学习情况与反馈意见，为教学改进与优化提供了有力支持。对于学生而言，在线课程则满足了他们个性化学习的需求与期望。学生可以根据自己的时间安排与学习节奏自主选择课程进行学习，并通过在线平台获取丰富的学习资源与互动机会，这种学习方式不仅提高了学习的自主性与灵活性，还激发了学生的学习兴趣与积极性。在线课程中的互动环节与社交功能也为学生提供了与同龄人交流思想、分享经验的平台，有助于培养他们的团队协作能力与社会交往能力。

然而，在肯定成绩的同时，我们也应清醒地认识到在线课程建设仍面临诸多挑战与问题。一方面，部分教师对于在线教学的效果与质量监控存在担忧与疑虑；另一方面，部分学生反映在线课程中的互动性与社交性相对较弱，缺乏面对面的交流与反馈机会。针对这些问题，需要从多个方面入手进行改进与优化：①加强教师培训与技术支持力度，提升教师的在线教学能力与信息素养；②完善在线课程评价体系与质量监控机制，确保教学质量与学习效果；③丰富在线课程的互动形式与社交功能，增强学习者的参与感与归属感。

二、高校在线课程建设改革的理论框架

在线教育的快速发展以及高等教育教学质量的不断提升要求，促使高校在线课程建设面临诸多挑战和机遇。在此背景下，构建一套科学合理的高校在线课程建设改革理论框架显得尤为重要，此框架旨在涵盖多个方面，包括理念革新、内容创新、方法论探索、评价体系构建及技术支撑体系，这一框架的核心是实现教学设计的以学生为中心、知识体系的重构与整合、混合式教学模式的探索、多元化的评价体系构建以及智能化和个性化的技术支持。

（一）以学生为中心的教学设计

在现代教育背景下，在线课程建设需重新审视传统教学模式中的角色分配，强调以学生为中心的教学理念，这种理念要求教育者在设计课程时，将学习者的需求和发展置于教学设计的核心，确保课程能够真正满足学习者的个性化需求。以学生为中心的教学设计要求教育者深刻理解学习者的学习特点、兴趣爱好和能力水平。通过对学习者的背景知识、学习风格以及认知能力的分析，制订个性化的教学计划，这不仅包括对课程内容的精心挑选，还包括对教学方法的创新设计。教育者需鼓励学习者主动参与课程的开发和设计过程，增强其参与感和责任感。

以学生为中心的教学设计还要求培养学习者的自主学习能力、批判性思维和创新能力等关键能力，这不仅涉及知识的传授，更重要的是培

养学习者在知识获取过程中进行批判性思考和创新性应用的能力，这些能力的培养有助于学习者在未来的职业生涯中能够不断适应变化，具备解决复杂问题的能力。在具体实施过程中，以学生为中心的教学设计需要采用灵活多样的教学策略，促进学习者的全面发展。例如，通过引入翻转课堂、自主学习模块等形式，增强学习者的自主性和参与度。同时，利用在线平台的优势，提供丰富的资源和工具支持学习者的学习过程，确保学习者能够根据自己的需求选择适合的学习路径。

（二）知识体系的重构与整合

在线课程内容的设计不仅需要紧跟时代步伐，还需反映出学科的最新发展和前沿动态。教育者应在内容构建中重构和整合传统的知识体系，打造符合时代需求的课程结构，这一过程需要综合考虑学科特点、教学需求以及课程目标，形成逻辑严密、结构合理的知识体系。

第一，在课程内容的设计中，应注重其时效性和前沿性。随着科学技术的不断进步和社会的发展，许多学科的知识体系不断更新。因此，教育者应及时引入最新的研究成果和学术动态，确保学习者掌握最新的知识和技能。例如，在计算机科学领域，人工智能、数据科学等新兴领域的发展迅速，课程设计中需要及时纳入这些领域的最新进展。

第二，课程内容的实用性和应用性需要得到充分重视。通过案例分析、实践操作等方式，提升学习者的实际应用能力。例如，在管理学课程中，可以引入真实的企业案例，鼓励学生分析问题并提出解决方案，从而增强其实际操作能力和解决问题的能力。

第三，课程内容的设计需考虑跨学科整合的需求。现代社会的问题往往具有复杂性和多样性，单一学科的知识难以完全解决这些问题。因此，在线课程应引导学习者进行跨学科的知识整合，培养其多角度分析问题和解决问题的能力。

（三）混合式教学模式的实践

混合式教学模式作为在线课程与传统课堂相结合的产物，正逐渐成为高校在线课程建设的重要方向。混合式教学模式通过线上线下融合的教学策略，充分利用两种教学环境的优势，实现教学资源的优化配置和教学效果的最大化。

1. 线上线下融合的教学策略

在混合式教学模式中，线上线下融合的教学策略是关键。教育者需根据课程特点和教学目标，灵活设计线上线下的教学活动，确保教学过程的无缝衔接。线上教学可以通过视频讲解、在线讨论、自主学习等方式，提供灵活多样的学习资源和互动机会；线下教学则可以通过面授讲解、实验操作、小组讨论等方式，加强学习者的实践能力和团队协作能力。

线上教学的灵活性为学生提供了广泛的学习资源和机会。视频讲解可以帮助学生反复学习关键概念，在线讨论则提供了与教师和同学交流思想的平台。自主学习模块则鼓励学生根据自己的节奏进行学习，这种灵活性是传统课堂难以实现的。线下教学通过实际操作和团队合作，增强了学生的实践能力和沟通协作能力。在实验操作环节，学生可以通过动手实践加深对理论知识的理解；在小组讨论中，学生可以通过交流与合作，学习如何倾听、分享观点和解决冲突，这种线上线下相互补充的教学策略，能够形成完整的教学闭环，提高教学效果。

2. 互动与反馈机制的设计

在混合式教学模式中，教育者应充分利用在线课程平台提供的互动工具，为学习者提供便捷的互动渠道，这些工具包括在线问答、论坛讨论、实时聊天等，能够有效提高学习者的参与度和互动性。同时，建立完善的反馈机制也是必要的。通过收集和分析学习者的学习数据和反馈意见，教育者可以及时调整教学策略，提高教学效果。例如，通过学习者的作业和测试结果，分析其学习进度和知识掌握情况，及时调整教学内容和节奏。通过学习者的反馈意见，了解课程设计和教学方法中的不足，并进行相应的改进。互动与反馈机制不仅提高了学习者的参与度和满意度，还为教育者提供了改进教学的依据。通过增强互动性和反馈性，教师可以更加精准地满足学习者的需求，提升教学质量和学习效果。

（四）智能化与个性化学习支持

1. 智能化学习支持

智能化学习支持通过利用人工智能等先进技术，为学习者提供智能化的学习推荐、资源匹配和个性化服务。人工智能技术能够根据学习者的学习行为和数据分析，为其提供个性化的学习建议和资源推荐。例如，通过分析学习者的学习习惯和偏好，向其推荐适合的学习材料和课程资源，提高其学习效率和效果。同时，智能化学习数据分析系统的建立对于教育者而言也具有重要意义。通过对学习者的学习数据进行深度挖掘和分析，教育者可以更好地了解学习者的学习状态和需求，为教学改进提供科学依据，这种基于数据分析的决策支持，能够提高教学的精准性和有效性。

2. 个性化学习支持

个性化学习支持强调根据学习者的个性化需求和学习特点，为其提供定制化的学习路径和资源支持。通过个性化学习支持系统，学习者可以根据自己的兴趣和需求，自主选择学习内容和进度，这种个性化的学习体验不仅提高了学习者的学习积极性，也增强了其学习的自主性。通过为学习者提供及时、准确的学习反馈和建议，教育者可以帮助学习者及时发现问题并进行改进，这种及时的反馈机制，不仅提高了学习者的学习效率，也增强了其学习体验的满意度。

通过智能化与个性化学习支持的结合，可以为学习者提供更加便捷、高效和个性化的学习体验，这种技术支撑体系的构建，不仅提高了在线课程的质量和效果，也为教育者提供了改进教学的工具和手段。

三、高校在线课程改革的建设路径

在全球化与信息化浪潮的推动下，高校在线课程建设已成为高等教育领域不可逆转的趋势，其对于提升教学质量、促进教育公平、拓宽学习渠道具有深远意义。为确保这一改革理论框架的有效实施，应构建一套涵盖顶层设计、师资培育、课程体系构建、学习环境优化及质量保障在内的多维度实施策略与路径。

（一）顶层设计与规划

1. 战略定位与目标设定

高校应从长远发展的战略视角出发，明确在线课程建设的核心目标与愿景，这包括确定在线课程在教育体系中的定位，如作为传统教学的补充、转型为混合式教学的主要形式，或是构建完全在线的学习生态系统。设定具体、可量化的目标，如在线课程数量、学生参与度、学习成效提升比例等，为后续工作提供明确方向。

2. 路径规划与资源调配

基于战略定位与目标，高校需制定详细的实施路径图，明确各阶段的任务、时间节点及责任主体。路径规划应充分考虑现有资源条件，合理调配人力、物力、财力等资源，确保各项任务的有序推进。还需建立跨部门协作机制，促进教务处、信息技术中心、图书馆等部门之间的紧密合作，形成合力。

3. 保障措施与政策支持

为确保顶层设计与规划的有效执行，高校应制定一系列保障措施，包括政策引导、资金投入、技术支持等。政策方面，可出台在线课程建设与管理办法，明确课程认定、学分转换、教师激励等具体政策；资金方面，设立专项基金支持在线课程开发、平台升级及教师培训；技术方面，加强校园网络基础设施建设，提升学习平台的稳定性和用户体验。

（二）教师培训与能力提升

第一，理念更新与认知提升。通过组织系列讲座、研讨会等活动，引导教师深刻认识在线课程建设的重要性和紧迫性，更新教育观念，树立以学生为中心的教学理念。加强教师对在线学习特点、规律及发展趋势的理解，为课程设计与实施奠定坚实的理论基础。

第二，技能培训与实战演练。针对教师在信息技术应用、教学设计、教学实施等方面的短板，开展专项技能培训。培训内容可涵盖在线教学平台操作、多媒体教学资源制作、互动教学策略设计、学习数据分析与评估等。通过案例分析、模拟教学、微格教学等形式，提升教师的实战能力。

第三，激励机制与评价体系。激励机制可包括职称评定、奖金发放、荣誉表彰等方面；评价体系则需综合考虑课程质量、学生反馈、教学创新等多个维度，确保评价的全面性和公正性。

（三）课程体系与资源开发

1. 课程体系建设

根据学科特点、教学需求及学生兴趣，构建科学合理的在线课程体系。课程体系应覆盖基础理论、专业核心、实践技能等多个层面，形成层次分明、相互衔接的课程体系结构。注重课程的交叉融合与跨学科整合，培养学生的综合素质和创新能力。

2. 课程资源开发

加大课程资源开发力度，积极引进国内外优质课程资源并进行本土化改造和创新。资源开发过程中应注重内容的科学性、时代性和实用性，确保课程资源能够满足学生的学习需求。鼓励教师自主开发具有本校特色的课程资源，丰富课程资源库。

3. 资源整合与共享

建立课程资源共享机制，促进校内外课程资源的交流与共享。通过建设统一的课程资源管理平台，实现课程资源的集中展示、检索与下载。加强与兄弟院校、行业企业的合作与交流，共同开发优质课程资源，提升资源的利用率和影响力。

（四）学习环境优化与学生支持服务

1. 学习环境优化

积极优化在线学习环境，为学习者提供稳定可靠的网络环境、便捷易用的学习平台以及丰富多样的学习资源。加强校园网络基础设施建设，确保网络带宽充足、信号稳定。优化学习平台界面设计，提升用户体验。丰富学习资源种类和数量，满足学生的个性化学习需求。

2. 学生支持服务体系建设

建立完善的学生支持服务体系，为学习者提供全方位的支持与帮助。服务内容可包括学习咨询、技术支持、心理辅导等方面。通过设立在线学习服务中心、开通热线电话、建立学习社群等方式，为学生提供及时有效的帮助。加强对学生学习过程的跟踪与评估，及时发现并解决问题。

3. 学习社区构建与互动深化

在在线学习环境中，学习社区的构建是提升学习体验、促进知识共享与情感交流的关键环节。高校应积极推动学习社区的形成与发展，为学习者提供一个开放、包容、互动的学习空间。

（1）社群组织与管理。高校可以依据课程、学科或兴趣爱好等维度，建立多样化的学习社群。每个社群应设立明确的组织结构和管理规则，包括社群负责人、管理员及成员角色分配等。通过定期发布社群公告、组织线上活动、开展主题讨论等方式，增强社群的凝聚力和活跃度。

（2）互动机制设计。为促进社群内的有效互动，高校应设计多样化的互动机制。例如，可以引入"问题墙"功能，鼓励学生提出学习中遇到的问题，并邀请其他学生或教师进行解答；设置"经验分享"板块，鼓励学生分享学习心得、成功案例或学习方法；组织线上辩论、知识竞赛等趣味性活动，激发学生的学习热情和参与度。

（3）情感支持与社交联结。在线学习往往伴随着孤独感和疏离感，高校还应关注学习者的情感需求，提供情感支持与社交联结的机会。通过组织线上团建活动、开展心理辅导与咨询等方式，帮助学习者建立积极的学习态度和良好的人际关系。鼓励学习者之间建立长期的学习伙伴关系，相互激励、共同进步。

（五）质量监控与持续改进机制

1. 质量监控体系构建

高校应建立完善的质量监控体系，对在线课程的教学质量进行全面、系统的监控。监控内容可包括课程内容的完整性、准确性、时效性；教学过程的规范性、互动性、有效性；学习资源的丰富性、适用性、可访问性等方面。通过定期的教学检查、学生反馈收集、同行评审等方式，获取教学质量的相关信息。

2. 评估指标与方法

为确保质量监控的科学性和有效性，高校应制定科学合理的评估指标与方法。评估指标应涵盖课程设计、教学资源、教学实施、学生学习成效等多个维度；评估方法可采用问卷调查、访谈、观察记录、数据分析等多种手段。通过定性与定量相结合的方式，对教学质量进行全面评估。

3. 持续改进机制建立

基于质量监控与评估结果，高校应建立持续改进机制。针对发现的问题和不足，制订具体的改进措施和行动计划，并明确责任人和时间节点。通过持续改进机制的运行，不断优化在线课程的教学设计、教学方法、教学资源等方面，提升教学质量和效果。鼓励教师根据教学反馈和学生需求进行个性化调整和创新实践，推动在线课程建设的持续发展和不断进步。

第四节 国际化人才培养改革理论

一、国际化人才培养改革的必要性分析

（一）全球经济一体化的需求

随着全球化的加深，跨国企业的人才需求也发生了显著变化，促使高校在国际化人才培养上进行深刻的教学改革。首先，跨国企业所面临的市场环境日趋复杂和多变，这种环境要求企业员工具备广泛的全球视

野和卓越的跨文化沟通能力。员工需要迅速适应不同的文化背景和客户需求，才能在多元化的全球市场中取得成功。其次，科技革命的快速推进和新兴产业的不断涌现，对人才的专业技能和创新能力提出了更高的要求。因此，高校作为人才培养的核心基地，必须积极调整其教学策略，通过国际化教学改革培养出适应现代经济需求的复合型人才，以满足跨国企业对于具备国际竞争力人才的迫切需求。

跨国企业的人才需求已经从单纯拥有专业技能的单一型人才，转变为更注重具备国际视野、跨文化交流能力、创新思维和团队协作能力的复合型人才，这类复合型人才能够在全球化背景下跨越文化和地域的界限，有效地促进国际合作与交流，推动企业在全球范围内实现资源的优化配置和战略协同。高校通过国际化的教学改革，可以培养出更多符合跨国企业需求的高素质人才，这不仅提升了学生的个人竞争力，也为提升国家整体经济竞争力提供了有力的支持。

在全球经济一体化的背景下，国家的国际竞争力很大程度上取决于其高等教育体系培养出的国际化人才质量和数量，这些人才在推动企业技术创新、促进产业升级、优化资源配置等方面具有不可替代的作用。因此，高校国际化人才培养教学改革的必要性不言而喻，这种改革直接关系到国家在全球经济体系中的地位和影响力，是提升国际竞争力的重要途径。教育改革的成效将体现在国家综合实力上，通过培养国际化人才来增强国家的国际竞争力，已成为各国普遍认可的发展战略。

（二）学生个人发展的需求

在全球化背景下，学生的个人发展需求也呈现出国际化的趋势。对于当代大学生而言，拓宽国际视野、提升就业竞争力和终身学习能力，已经成为其个人成长与发展的重要目标。

1. 拓宽国际视野

国际视野的拓宽帮助学生更好地理解世界发展的多样性和复杂性，培养全球意识和国际责任感。在全球化时代，具有广泛国际视野的学生能够更好地适应多变的国际环境，更深入地理解不同文化的背景和需求。跨文化交流能力则是学生在全球化背景下进行有效沟通与合作的基础，这种能力不仅体现在语言交流上，更包括对文化差异的理解和适应能力。高校通过国际化教学改革，为学生提供更多参与国际交流的机会，如参与海外学习、国际学术会议等，这有助于学生亲身体验不同文化，提升他们的跨文化交流能力。

2. 提升就业竞争力

随着就业市场的日益激烈，具备国际化背景和跨文化交流能力的学生往往在求职中更具竞争力，这类学生不仅能够适应跨国企业的需求，还能在国际化环境中迅速成长，成为行业的佼佼者。国际化教学改革还强调培养学生的自主学习能力和批判性思维，这为他们的未来职业生涯和终身学习奠定了坚实的基础。批判性思维的培养使学生能够更深入地分析和解决问题，适应快速变化的国际环境，成为适应力和创新力兼具的人才。

3. 为学生的个人发展提供更多可能

通过参与国际交流项目，学生有机会接触不同国家的文化和教育体制，这不仅丰富了他们的学术和文化视野，也为他们的职业生涯拓展了国际化路径，这种多元化的经验不仅提升了学生的个人能力，也为他们的未来发展提供了更广阔的空间。

（三）高校自身发展的需求

高校作为知识创新与传播的重要机构，其国际化水平直接影响着其在国内外的声誉和影响力。国际化人才培养教学改革不仅是为了满足外部需求的重要举措，同时也是高校自身发展的内在要求。

1. 提升国际声誉与影响力

高校的国际声誉和影响力是其吸引优秀师生、争取国际资源、开展国际合作的重要基础。通过国际化教学改革，高校可以吸引更多来自世界各地的优秀学生和学者，提升教学质量和科研水平。国际化的师资队伍和多元化的学生群体为高校带来了新的活力和视野，使其在全球范围内树立良好的形象，增强国际竞争力，这种良性循环不仅提升了高校的全球声誉，也为其在国际学术界中赢得了更多的话语权。

2. 推动学科建设与科研合作

通过引进国际先进的教育理念和教育资源，高校能够促进学科的交叉融合，推动学科建设与创新。国际化教学改革鼓励高校与国际知名高校和科研机构建立合作与交流，通过共享科研成果，提升科研水平，这种合作不仅促进了科技创新与转化，也为高校的学科建设注入了新的活力。国际合作为高校的科研项目带来了更多的资源和机遇，使其在全球科研竞争中占据有利位置。

3. 教育理念的更新和教学模式的创新

通过与国际知名高校的合作，国内高校可以引进先进的教育理念和教学方法，这不仅有助于提升教育质量，也推动了教学模式的改革。例如，强调学生的自主学习和创新能力的培养，这种以学生为中心的教学理念在国际化教育环境中得到了广泛应用，这种教育理念的转变为高校的长远发展奠定了坚实的基础，也为培养高素质国际化人才提供了保障。

在全球化竞争日益激烈的背景下，高校国际化人才培养教学改革已成为其提升自身竞争力和影响力的必然选择。通过国际化教学改革，高校不仅可以满足全球经济一体化对人才的需求，也为学生的个人发展提供了更广阔的空间，同时推动自身在国际学术界的地位和声誉。国际化教育改革为高校的未来发展指明了方向，是高校在全球化背景下实现可持续发展的关键所在。通过不断深化国际化教学改革，高校能够更好地应对全球化挑战，培养出具备国际竞争力的高素质人才，为国家和社会的发展做出更大的贡献。

二、高校国际化人才培养教学改革的主要策略

在全球化日益加深的今天，高等教育国际化已成为提升国家竞争力、培养具有国际视野和创新能力的复合型人才的关键路径。为实现这一目标，高校需从课程体系、教学方法、师资队伍及实践教学等多个维度进行系统性改革，以构建适应国际需求的人才培养模式。

（一）课程体系与教学内容国际化

1. 引入国际先进课程与教材

高校应紧跟国际学科发展前沿，积极调研并引入国际公认的优质课程与教材，确保教学内容既具有前瞻性又贴近行业实际需求，这一过程要求高校建立科学的课程评估机制，结合学科发展趋势、行业需求及学生特点，筛选出最符合国际化教育目标的课程资源。鼓励教师团队在引进基础上进行本土化改造，融入中国元素和本土案例，使课程内容既体现国际先进性又符合中国国情，增强学生的认同感和学习兴趣。

2. 加强外语教学与跨文化交流课程

外语作为国际交流的基本工具，其教学质量的提升对于国际化人才培养至关重要。高校应优化外语教学体系，采用多元化教学方法，如情境教学、任务型教学等，强化学生的听说读写能力，特别是口语和写作能力的训练，以满足国际交流的需求。跨文化交流课程的设置同样不容

忽视。通过开设文化比较、国际礼仪、全球视野等课程，引导学生深入了解不同文化的精髓，培养尊重差异、理解多元文化的意识和能力，为未来的国际交往奠定坚实基础。

（二）师资队伍国际化建设

1. 引进海外高层次人才

高校应制定具有吸引力的政策措施，加大力度引进海外高层次人才，这包括邀请国际知名学者来校任教、开展合作研究，以及聘请行业专家举办讲座和授课等。通过引进海外人才，不仅可以带来先进的学术思想和研究成果，还能促进教师队伍的国际化交流和合作，提升整体教学水平和科研实力。高校应设立专项基金，为引进人才提供充足的经费支持和良好的工作环境，确保他们能够在高校充分发挥作用。

2. 教师海外研修与交流计划

为了提升教师队伍的国际视野和教学水平，高校应鼓励和支持教师参与海外研修与交流计划，这包括派遣教师赴国外知名高校或科研机构进行访学、合作研究或参加国际学术会议等。通过这些活动，教师可以深入了解国际前沿动态和先进教学理念，拓宽学术视野和人脉资源；促进教师与国际同行的交流与合作，为未来的国际合作项目奠定良好基础。高校应建立完善的海外研修与交流计划管理机制，确保计划的顺利实施和成果的有效转化。

（三）实践教学与校企合作

1. 海外实习与交换生项目

海外实习和交换生项目是提升学生跨文化交流能力和专业技能的重要途径。高校应积极拓展与国外知名高校和企业的合作关系，共同设计并实施海外实习和交换生项目，这些项目不仅能够让学生亲身体验不同文化背景下的学习和工作环境，还能帮助他们积累宝贵的国际经验、拓宽国际视野。高校应加强对项目的监督和管理，确保项目的质量和效果；为参与项目的学生提供必要的指导和支持，帮助他们更好地适应海外环境并完成实习或学习任务。

2. 跨国界校企合作平台建设

校企合作是提升学生实践能力和就业竞争力的重要手段。在国际化背景下，高校应积极探索跨国界校企合作的新模式。通过与国际企业、跨国公司建立紧密的合作关系，共同建设实验室、研发中心、实习实训基地等实践教学平台；邀请国际企业高管和行业专家来校举办讲座、授课和指导实践等活动。这些措施不仅有助于提升学生的实践能力和职业素养，还能促进学校与企业之间的资源共享和优势互补，为培养具有国际视野和创新能力的高素质人才提供有力支持。此外，高校还应加强与行业协会和国际组织的联系与合作，积极参与国际交流与合作项目，不断提升自身的国际影响力和竞争力。

第二章 高校教学方法改革及其创新研究

第一节 高校教学方法改革的必要性

"教学方法是教师在开展教学活动过程中运用的教学方法,教学方法能否让学生高效地获取知识影响教学的质量。"[①] 高校教学方法改革的必要性主要包括以下方面。

一、高校教学方法改革能够提升教学质量与效果

(一)激发学生兴趣与动机

在高等教育领域,教学质量与效果的提升是持续推动教育创新与发展的核心议题,这不仅关乎学生个人成长与成就,也直接影响到社会整体的知识水平与创新能力。

1. 个性化教学

个性化教学作为现代教育理念的重要实践,其核心在于尊重并适应学生的个体差异,这一教学模式要求教师先进行细致的学生需求分析,

---

① 肖友平. 高校教学方法改革探论[J]. 科教导刊-电子版(下旬), 2018(5): 41.

包括但不限于学习能力、兴趣偏好、学习风格及背景知识等。通过综合运用教育心理学、学习科学等理论，教师可以设计出分层次、多样化的教学内容与活动，以匹配不同学生的需求。例如，采用分层教学策略，为不同能力水平的学生设定不同难度的学习目标与任务；利用信息技术手段，如智能教学系统，为学生提供个性化的学习路径和资源推荐。个性化教学还强调灵活性，教师应根据学生的学习进展与反馈，及时调整教学策略，确保每位学生都能在适合自己的节奏中有效学习，从而实现教学效果的最大化。

2. 激励机制

激励机制在激发学生内在动力、促进积极学习行为方面发挥着关键作用。有效的奖励与反馈机制需遵循公平、透明、及时的原则。物质奖励虽能短期内激发学生的积极性，但长远而言，精神奖励如正面评价、荣誉表彰等更能激发学生的自豪感和成就感，促进其持续努力。因此，教师应结合学生的实际情况，设计多元化的奖励方案，既包含物质激励，也注重精神层面的认可。建立完善的反馈机制，通过定期评估、即时反馈等方式，让学生及时了解自己的学习成效与不足，明确改进方向，这种正向的反馈循环有助于增强学生的自我效能感，激发其进一步探索与学习的欲望。

（二）强化理论与实践结合

理论与实践的紧密结合是高等教育质量提升的关键环节。实习实训作为连接校园与职场的桥梁，为学生提供了将理论知识应用于实际工作的宝贵机会。高校应加强与企业的深度合作，建立校外实习基地，为学生提供真实、丰富的实践环境。通过参与企业项目、岗位实习等形式，学生不仅能够熟悉行业规范、掌握职业技能，还能在实践中发现问题、解决问题，提升解决实际问题的能力。高校还可以引入"双师型"教师，即既有丰富教学经验又具备行业实践经验的教师，他们能够将最新的行业动态和技术趋势融入课堂教学，使理论教学更加贴近实际。

1. 促进深度学习与理解

批判性思维是现代社会对人才的基本要求，它要求学生具备独立思考、分析评价、创新创造的能力。在教学过程中，教师应积极营造开放、包容的学习氛围，鼓励学生勇于质疑、敢于挑战权威。通过设计具有争议性的话题、案例研究等教学活动，引导学生从不同角度审视问题，培养其批判性思维能力。教师应教会学生批判性思维的工具与方法，如逻辑推理、证据评估等，帮助学生系统地分析问题、形成独立见解。

2. 探究式学习

在探究式学习中，教师应成为学生学习的引导者和促进者，通过设计具有挑战性的学习任务、提供必要的资源支持等方式，激发学生的探索欲望。教师应注重培养学生的自主学习能力，教会他们如何提出问题、设计实验、收集数据、分析结果等科学探究的基本步骤。通过探究式学习，学生不仅能够获得知识，更重要的是学会了如何学习，为其终身学习奠定坚实基础。

3. 跨学科整合

随着知识爆炸时代的到来，单一学科的知识已难以满足复杂问题解决的需求。跨学科整合成为高等教育改革的重要趋势之一。通过跨学科课程设计、跨学科项目研究等方式，高校可以打破学科壁垒，促进不同学科之间的交流与融合。在跨学科教学中，教师应具备跨学科的知识结构和视野，能够引导学生综合运用多学科的知识和方法解决问题。高校应建立跨学科的教学与研究平台，为师生提供交流合作的空间和资源支持。

二、高校教学方法改革有助于促进学生全面发展

（一）培养自主学习能力

1. 翻转课堂

翻转课堂作为一种颠覆性的教学模式，其核心在于重新分配教学时间与空间，将传统教学中"课堂讲授—课后作业"的线性流程转变为"课前自学—课堂深化"的逆向流程，这一转变不仅是对教学流程的简单调整，更是对学生学习主体地位的深刻认可与强化。在翻转课堂实施中，学生被赋予更多自主权，他们需在课前通过观看教学视频、阅读相关材料等方式，自主掌握基础知识，这一过程要求学生具备高度的自我管理能力，包括时间规划、信息筛选与整合等能力，从而为其自主学习能力的培养奠定坚实基础。

课堂上，教师则转变为引导者和促进者的角色，通过组织讨论、案例分析、实验操作等多样化的教学活动，引导学生深入探究知识内涵，解决学习中的疑惑，这种互动式、探究式的学习环境，极大地促进了学生之间的思想碰撞与知识共享，进一步激发了学生的学习兴趣和内在动力。翻转课堂还促进了师生之间的深度交流，教师能够更准确地把握学生的学习状态与需求，提供更具针对性的指导与反馈，从而提高教学效果。

2. 学习策略指导

学习策略指导是提升学生学习能力的重要途径，它不仅关注于具体的学习技巧，如记忆法、笔记术、时间管理等，更强调学习策略的系统性构建与个性化调整。在教学过程中，教师应先帮助学生认识到学习策略的重要性，并引导他们进行自我评估，明确自身在学习方法上的优势与不足。通过讲授、示范、练习等多种方式，系统地传授学习策略知识，包括如何设定学习目标、制订学习计划、监控学习进度、评估学习

成果等。更重要的是，学习策略指导应强调个性化与灵活性。每个学生都是独一无二的个体，其学习习惯、认知风格、兴趣偏好等各不相同。因此，教师应鼓励学生根据自己的实际情况，选择适合自己的学习策略，并在实践中不断调整优化。教师还应通过定期的学习策略研讨会、一对一辅导等形式，为学生提供持续的指导与支持，帮助他们形成稳定而高效的学习习惯，为终身学习奠定坚实基础。

（二）增强问题解决能力

1. 问题导向教学

问题导向教学是一种以解决实际问题为核心的教学方法，它强调将学习置于真实的、复杂的情境中，通过提出具有挑战性的问题，引导学生主动探索、积极思考、创新解决。在问题导向教学中，问题是学习的起点和驱动力，它贯穿于整个教学过程之中，引导学生从已知走向未知，从简单走向复杂。为了有效实施问题导向教学，教师需要精心设计教学问题，这些问题应具有真实性、开放性和层次性。教师还应鼓励学生之间的合作与交流，通过小组讨论、角色扮演、辩论等多种形式，促进思想的碰撞与融合，形成多元化的问题解决方案。

2. 团队合作项目

团队合作项目是一种基于项目式学习的教学方法，它通过组织学生共同参与一个或多个具体项目，实现知识、技能与态度的综合提升。在团队合作项目中，学生需要分工合作、相互支持、共同完成任务，这一过程中，学生不仅能够运用所学知识解决实际问题，还能够锻炼沟通协作、领导力、时间管理等综合能力。为了确保团队合作项目的有效实施，教师需要做好以下工作：①明确项目目标和要求，确保项目内容与学生所学专业紧密相关；②合理分组，确保每个小组内部成员之间优势互补、相互学习；③提供必要的资源和支持，包括资料、设备、指导等；④建立有效的评价机制，包括过程评价和结果评价两个方面，以全面反映学生的学习成果和成长过程。

3. 情境模拟

情境模拟是一种通过模拟真实情境来训练学生应对能力的教学方法，它利用虚拟现实、角色扮演、案例分析等手段，将学生置于一个高度仿真的环境中，要求他们运用所学知识进行决策和行动，这种教学方法能够帮助学生更好地理解复杂情境中的关键因素和相互关系，提高其分析和解决问题的能力。在情境模拟教学中，教师需要精心设计模拟场景和任务，确保其真实性和挑战性。教师还应引导学生积极参与模拟过程，鼓励他们发挥想象力和创造力，提出多种解决方案。在模拟结束后，教师应及时组织学生进行反思和总结，分析模拟过程中的得失与教训，以便在未来的学习和工作中更好地应对类似情境。

（三）提升综合素质与创新能力

1. 综合素质教育

综合素质教育是一种旨在提升学生综合素质和人文素养的教育模式，它强调在传授知识的同时，注重培养学生的道德品质、审美情趣、身体素质和社会责任感等方面的素养。为了实现这一目标，高校应构建多元化的课程体系，涵盖人文社科、艺术、体育等多个领域，为学生提供丰富的课程选择和学习机会。

在人文社科方面，高校应开设经典阅读、历史文化、哲学思想等课程，引导学生深入思考人类文明的演进和社会发展的规律，培养其批判性思维和人文关怀。艺术课程可以通过音乐、舞蹈、戏剧、美术等形式，激发学生的创造力和想象力，提升其审美能力和艺术修养。体育课程强调体育锻炼的重要性，通过多样化的运动项目，增强学生的体质和体能，培养其坚韧不拔、勇于挑战的精神品质。高校还应注重课外活动的组织和开展，如社团活动、志愿服务、文化沙龙等，为学生提供更多展示自我、交流思想、拓宽视野的平台，这些活动不仅能够丰富学生的课余生活，还能够促进其综合素质的全面提升。

2. 创新创业教育

创新创业教育是当前高等教育的重要组成部分，它旨在通过系统的教育和训练，激发学生的创新思维和创业潜能，培养其成为未来社会的创造者和领导者。为了实现这一目标，高校应构建完善的创新创业教育体系，包括课程设置、实践教学、师资建设等多个方面。

（1）在课程设置上，高校应开设创新创业基础课程和选修课程，如创新思维训练、商业模式设计、创业融资等，帮助学生掌握创新创业的基本知识和技能。开设跨学科课程，鼓励学生跨领域学习，培养其综合运用知识解决问题的能力。

（2）实践教学是创新创业教育的关键环节。高校应建立创新创业实践基地和孵化平台，为学生提供实践机会和创业支持。通过模拟创业、项目孵化、创业竞赛等形式，让学生在实践中锻炼创新创业能力，积累宝贵经验。

（3）师资建设是保障创新创业教育质量的重要基础。高校应引进和培养具有创新创业经验的教师，鼓励他们参与创新创业教学和研究工作。邀请行业专家、成功创业者等作为兼职教师或导师，为学生提供更加贴近实际的指导和帮助。

3. 领导力与团队协作能力

在高校教育中，通过团队项目的实施和领导力培训课程的开设，可以有效培养学生的这些能力。团队项目不仅要求学生具备扎实的专业知识和技能，还强调团队成员之间的沟通与协作。在项目实施过程中，学生需要明确分工、相互支持、共同解决问题，这种经历能够帮助学生学会如何在团队中发挥自己的优势、弥补不足，以及如何与他人建立良好

◎ 教育重塑：高校教学改革及其创新实践

的合作关系。通过承担不同的角色和责任，学生还能够锻炼自己的领导力和组织协调能力。为了进一步提升学生的领导力和团队协作能力，高校还可以开设专门的领导力培训课程，这些课程可以通过案例分析、角色扮演、模拟演练等形式，帮助学生理解领导力的内涵和要素，掌握领导技巧和方法；组织领导力训练营、领导力论坛等活动，为学生提供更多的实践机会和交流平台。

三、高校教学方法改革能够使学生适应社会与行业需求

（一）匹配未来职业发展需求

1. 职业规划教育

在快速变化的职业环境中，职业规划教育不仅要求学生明确职业目标，还需引导学生建立长远的职业发展愿景。为实现这一目标，高校应构建系统化的职业规划教育体系，包括个性化测评工具、职业咨询与辅导、行业趋势分析讲座等多个维度。通过引入先进的职业兴趣与性格测试工具，如 MBTI、霍兰德职业兴趣量表等，帮助学生精准定位个人优势与兴趣所在。设立专业的职业规划导师团队，提供一对一的个性化指导，协助学生根据自身条件制定切实可行的职业发展路径。定期举办行业趋势分析讲座，邀请行业领袖分享最新动态，增强学生的市场敏感度和前瞻性思维。

2. 职业技能培训

职业技能培训作为连接教育与就业的关键桥梁，其课程设置需紧密贴合行业需求，并具备高度的灵活性与前瞻性。高校应建立与行业紧密联系的课程体系更新机制，定期调研市场需求，动态调整教学内容与方法。通过校企合作、共建实训基地等方式，引入企业真实项目作为教学

案例，让学生在模拟或真实的职业环境中锻炼技能。利用大数据和人工智能技术，分析学生学习行为与能力倾向，提供定制化的技能提升方案，确保每位学生都能获得与其职业目标相匹配的技能培训。

3. 实习就业对接

实习就业对接是提升学生就业竞争力、促进高质量就业的有效途径。高校应加强与企业的深度合作，建立长效的实习就业合作机制。通过签订校企合作协议，明确双方的权利与义务，确保实习岗位的稳定性和质量。建立完善的实习管理制度，包括实习前培训、实习过程跟踪、实习成果评估等环节，确保实习效果。高校还应建立就业信息服务平台，及时发布企业招聘信息，举办校园招聘会，为学生提供便捷的就业渠道。通过实习与就业的有机结合，帮助学生提前适应职场环境，提升就业竞争力。

（二）加强与行业界的联系与合作

1. 邀请业界专家授课

邀请业界专家授课是引入行业前沿知识、提升教学质量的重要手段。高校应建立常态化的业界专家授课机制，定期邀请行业领袖、技术专家走进课堂，分享实战经验、解读行业趋势。鼓励教师与业界专家共同开发课程，将行业最新动态融入教学内容，增强课程的实用性和前沿性。还可以通过在线课程、工作坊、研讨会等多种形式，丰富业界专家授课的载体和方式，满足学生多样化的学习需求。

2. 共建实验室与实训基地

共建实验室与实训基地是实现产学研深度融合的重要平台。高校与企业应基于优势互补、互利共赢的原则，共同规划、建设和运营实验室与实训基地。通过共享设备资源、科研成果、师资力量等，降低双方成本，提高资源利用效率。在实验室与实训基地的建设中，应注重技术创新与产业升级的结合，开展前沿技术研究、产品开发、人才培养等多元化合作。建立科学的管理机制，确保实验室与实训基地的规范运行和持续发展。

3. 科研合作

科研合作是推动技术创新、促进产业升级的重要途径。高校与企业应围绕共同关心的科技问题、产业需求等开展深度合作。通过联合申报科研项目、共建研发平台、共享科研成果等方式，推动双方在基础研究、应用研究、技术开发等方面的深度融合。在科研合作中，应注重成果的转化与应用，推动科研成果向现实生产力转化。高校应建立完善的科研成果转化机制，加强与企业的沟通与合作，促进科研成果的商业化、产业化进程。

（三）推动教育与社会经济的协同发展

1. 教育政策与社会经济需求相适应

教育政策的制定应紧密围绕社会经济发展需求，确保教育与社会经济的协同发展。政府应加强对教育政策的宏观指导与调控，建立科学合理的教育政策制定机制。在制定教育政策时，应充分考虑社会经济发展的趋势和行业需求，明确教育发展的目标和方向。加强与企业的沟通与合作，了解企业对人才的需求和期望，为教育政策的制定提供有力支持。通过精准对接社会经济需求，提高教育政策的针对性和有效性。

2. 教育资源优化配置

教育资源的优化配置是提高教育投入产出比的关键。高校应建立科学合理的教育资源配置机制，确保教育资源的有效利用和高效配置。在资源配置中，应充分考虑学生的需求和社会经济的发展趋势，合理分配教学设施、师资力量、科研经费等资源。引入市场机制和管理理念，提高教育资源的利用效率和管理水平。通过创新资源配置机制、优化资源配置结构、提升资源配置效率等方式，推动教育资源的可持续利用和高效发展。

3. 教育成果反哺社会

教育成果作为社会进步的重要驱动力，其转化与应用对于推动社会经济发展具有不可估量的价值。高校作为知识生产与传播的重要基地，应积极探索教育成果反哺社会的路径与模式，促进科研成果向现实生产力的转化。

（1）构建产学研用深度融合体系。高校应深化与产业界的合作，建立产学研用深度融合创新体系。通过设立联合研发中心、技术转移中心等机构，搭建科研成果转化的桥梁。鼓励教师与企业合作开展应用研究，共同攻克技术难题，推动技术创新与产业升级。加强对学生创新创业能力培养，鼓励学生参与科研项目和创业实践，培养其将所学知识应用于解决实际问题的能力。

（2）完善科研成果转化机制。高校应建立健全的科研成果转化机制，包括成果评估、知识产权保护、技术交易等环节。建立科学的成果评估体系，对科研成果进行客观、全面的评价，明确其应用价值和市场前景。加强知识产权保护工作，为科研成果提供法律保障，防止技术泄漏和侵权行为。建立高效的技术交易市场，为科研成果转化提供便捷渠道，促进技术成果的快速流通和应用。

（3）推动科技成果产业化。高校应积极推动科技成果的产业化进程，通过创办科技企业、技术入股等方式，将科研成果转化为现实生产力。在创办科技企业方面，高校可以依托自身科研优势，结合市场需求，创办具有自主知识产权的高新技术企业。鼓励师生参与企业创办和管理，培养其创新创业精神和实践能力。在技术入股方面，高校可以将科研成果作为无形资产入股企业,与企业共享技术成果带来的经济效益和社会效益。

(4)加强社会服务与合作。高校应充分发挥其人才、技术、信息等优势,积极参与社会服务与合作。通过设立咨询服务机构、开展技术培训、提供政策咨询等方式,为政府、企业和社会各界提供智力支持和技术服务。加强与地方政府的合作,共同推动区域经济社会发展。通过共建产业园区、科技园区等平台,促进科技成果在区域内的转化和应用,推动地方产业升级和经济发展。

(5)探索教育国际化合作路径。在全球化背景下,高校还应积极探索教育国际化合作路径,将教育成果推向国际舞台。通过与国际知名高校、科研机构建立合作关系,共同开展科研项目、人才培养等合作。鼓励学生参与国际交流和学习,培养其跨文化交流和合作的能力。通过教育国际化合作,不仅可以提升高校的国际影响力和竞争力,还可以促进教育成果在全球范围内传播和应用,为全球经济社会发展贡献力量。

第二节 高校教学方法改革的总体设计

一、高校教学方法改革目标的总体设计

(一)确立学生在教学活动中的主体地位

1. 理论框架与理念转变

传统教育模式中,教师往往作为知识传授的主体,而学生则处于被动接受的状态。而现代教学理论强调,学生应是学习过程的主动参与者

与建构者。因此,教学方法改革的首要任务是彻底转变这一观念,确立以学生为中心的教学理念,这要求教育者深刻理解学生的个体差异,尊重其主体地位,鼓励其在学习过程中发挥主动性、积极性和创造性。

2. 确立学生主体地位的实施策略

(1)角色重塑。在教育实践中,教师的角色定位直接影响着教学效果与学生的成长。随着教育理念的更新,教师应积极实现从知识的灌输者向学习的引导者和促进者的转变。具体而言,这一转变要求教师具备以下能力:首先,设计富有启发性的问题、项目或任务,这些问题应能够激发学生的好奇心与探索欲,促使他们主动思考、寻找答案;其次,教师应成为学生学习的伙伴与顾问,为学生提供必要的支持与指导,帮助他们克服学习中的困难与挑战,这种支持不仅包括知识上的解答,更包括情感上的鼓励与引导,以增强学生的自信心与学习动力。

(2)个性化教学。个性化教学是现代教育的重要趋势,它强调根据学生的个体差异制定差异化的教学策略,以满足不同学生的学习需求。现代信息技术为此提供了有力的支持,尤其是学习分析系统的应用,使得个性化教学成为可能。学习分析系统通过收集学生在学习过程中的各类数据,如学习进度、作业完成情况、在线互动记录等,运用大数据分析技术,可以精准地分析出学生的学习风格、兴趣偏好以及潜在的学习需求。基于这些数据,教师可以为每位学生量身定制个性化的教学方案,包括调整教学内容的难度与深度、选择适合学生的教学方法与资源等。此外,教师还可以根据学生的学习表现及时反馈与调整教学策略,以实现教学过程的持续优化。

(3)自主学习环境。一个开放、自由的学习环境能够激发学生的学习潜能与创造力,使他们更加主动地参与到学习活动中来。为了营造这样的学习环境,教师应采取以下措施:首先,提供丰富多样的学习材料与资源,包括纸质书籍、电子文献、在线课程等,以满足学生不同的学习需求与兴趣;其次,鼓励学生根据自己的实际情况设定学习目标与计划，并引导他们学会监控自己的学习进度与效果，在此过程中，教师可以提供必要的指导与帮助，如教授时间管理技巧、制定学习日志等；最后，建立积极的评价机制，对学生的自主学习成果给予肯定与鼓励，以增强他们的学习动力与自信心。

（二）促进学生全面发展与创新能力培养

1. 综合性课程设计

综合性课程设计是促进学生全面发展的有效途径，它要求课程内容不仅涵盖专业知识，还应融入人文社科、自然科学等多学科知识，培养学生的综合素质，提升其解决复杂问题的能力。

2. 跨学科融合

跨学科融合是当代高等教育发展的重要趋势，通过跨学科的教学与研究活动，可以促进不同学科之间的交流与融合，产生新的学术思想和研究成果。跨学科融合还能拓宽学生的视野和思路，培养其创新思维和跨学科解决问题的能力。高校应鼓励和支持跨学科的教学与研究项目，为学生提供更多元化的学习和发展机会。

3. 实现教学内容与方法的现代化

"教学方法的改革是为了教学工作更好的发展，因此教学方法改革要将教学工作作为中心，教学方法改革能够促进高校综合质量的提升，培养优秀人才。"[①]高等教育的核心在于传授知识、培养能力、启迪智慧。因此，教学内容必须紧跟学科发展前沿，反映最新研究成果与技术应用，这要求教师不断更新知识结构，关注学科动态，将最新的科研成果融入课堂教学，确保教学内容的时效性和前沿性。

---

① 张楠. 浅析高校教学方法改革的现状及对策 [J]. 青春岁月，2018（34）：26.

二、高校教学方法改革原则的总体设计

（一）以学生为中心原则

1. 尊重个性差异，满足多元需求

在高等教育阶段，学生群体呈现出高度的多样性和复杂性，其学习能力、兴趣偏好、职业规划等方面均存在显著差异。以学生为中心的教学改革原则的首要任务便是充分认识和尊重这些个性差异，通过灵活多样的教学设计，满足不同学生的学习需求，这要求教育者不仅要关注学生的认知发展水平，还要深入探究其学习动机、学习风格及心理特征，为每位学生量身定制学习路径。

2. 强化情感关怀，促进心理健康

学习过程中的情感体验和心理状态对学习效果具有深远影响。教师应成为学生学习旅程中的伙伴和支持者，关注学生在学习过程中可能遇到的情感困惑和心理压力，提供及时的情感支持和心理疏导；通过构建开放、包容的课堂氛围，鼓励学生表达自我，建立积极向上的学习心态，从而促进其心理健康发展。

3. 反馈机制与个性化学习支持

为了更有效地满足学生的个性化需求，教师应建立健全的学生反馈机制，通过定期的问卷调查、个别访谈、学习数据分析等手段，收集学生对教学内容、方法、进度等方面的反馈意见，为教学调整提供科学依据；基于反馈结果，为学生提供个性化的学习资源和支持服务，如定制化学习计划、学习辅导、在线学习资源推荐等，帮助学生克服学习障碍，实现个性化成长。

（二）创新性原则

1. 突破传统框架，勇于尝试创新

面对快速变化的社会环境和不断升级的教育需求，高校应勇于突破传统框架的束缚，这要求教师在教学实践中不断探索新的教学模式、教学手段和教学技术，如翻转课堂、混合式学习、项目式学习等，以激发学生的学习兴趣和主动性，提高教学效果；鼓励教师间的交流与合作，共同分享创新经验，形成教学创新的良好氛围。

2. 建立激励机制，表彰创新成果

为了激发教师的教学创新热情，高校应建立完善的激励机制，对在教学改革中取得显著成效的教师和团队给予表彰和奖励，这包括设立教学改革项目基金、举办教学创新大赛、评选优秀教学案例等，为教师提供展示创新成果的平台和机会；将教学创新成果作为教师职称晋升、绩效考核的重要依据，进一步激发教师的教学创新动力。

3. 融合现代技术，提升教学效能

信息技术的飞速发展为教学方法的创新提供了有力支撑，高校应积极推动信息技术与教育教学的深度融合。例如，通过智能教学系统分析学生的学习数据，为教师提供精准的教学建议；利用虚拟现实技术模拟真实场景，增强学生的实践能力和解决问题的能力。

（三）可持续性原则

（1）确保改革措施的长期性和稳定性。高校教学方法的改革是一项系统工程，需要长期的努力和持续的投入。为了确保改革措施的长期性和稳定性，高校应制定详细的发展规划和实施方案，明确改革目标、任务、时间表和责任分工；建立健全的保障机制，包括资金保障、政策支持、人才保障等，为改革提供坚实的后盾。此外，还应加强对改革进程

的监测和评估,及时调整优化改革措施,确保改革目标的顺利实现。

(2)建立健全的评价体系。科学的评价体系是保障教学改革持续有效推进的关键。高校应通过学生评价、同行评价、自我评价等多种方式,全面评估教学质量和效果;将评价结果作为教学改进和决策的重要依据,推动教学改革不断向纵深发展。

(3)培养学生的自我发展能力和终身学习习惯。高校教学方法改革的最终目的是促进学生的全面发展。因此,在改革过程中,应注重培养学生的自我发展能力和终身学习习惯,引导学生树立终身学习的理念,鼓励他们在未来的职业生涯中不断学习新知识、新技能,适应社会发展的需求。

三、高校教学方法改革路径的框架设计

为实现上述目标和原则,高校教学方法改革需从教学理念、课程体系、教学方法、信息技术应用、评价体系及教师发展等多个方面进行全面规划和设计。

(一)教学理念更新

1. 终身学习理念的强化

在教学方法改革中,首要任务是引导学生深刻理解并实践终身学习的理念,这要求教学活动不仅要传授知识,更要培养学生的自主学习能力、信息检索与处理能力以及批判性思维,使他们能够持续更新知识结构,适应未来社会的快速发展。通过课程设计融入自我导向学习策略,如设置自主学习任务、引导学生制订个人学习计划等,激发学生的内在学习动机。

2. 自主学习与合作学习的融合

通过小组合作学习、项目式学习等模式,不仅能够培养学生的团队

协作能力、沟通技巧和解决复杂问题的能力，还能促进不同背景学生间的知识共享与思想碰撞。高校应设计多样化的合作学习活动，如跨学科团队项目、国际交流项目等，以增强学生的社会适应性和创新能力。

（二）课程体系优化

1. 动态调整课程结构

课程体系应紧跟学科发展趋势和社会需求变化，进行灵活调整，这包括定期评估课程设置的合理性和有效性，剔除过时内容，增加新兴领域和交叉学科的知识；注重课程之间的逻辑联系和前后衔接，形成系统化的知识网络，避免知识碎片化。通过构建模块化课程体系，允许学生根据个人兴趣和职业规划进行选课，增强学习的针对性和实效性。

2. 强化课程的前沿性与创新性

为保持教学内容的时效性和前沿性，高校应鼓励教师将最新研究成果和技术应用融入课堂，更新教材内容，增设前沿讲座、专题研讨等教学环节，这些活动不仅能够拓宽学生的学术视野，还能激发他们的探索精神和创新意识；通过建立校企合作、产学研结合等机制，引入行业专家参与教学，使课程内容更加贴近实际，增强学生的实践能力和就业竞争力。

3. 推动跨学科课程的融合

跨学科课程是培养学生综合素质和创新能力的重要途径。高校应打破传统学科壁垒，促进学生思维的多元化和深度发展，建立跨学科教学团队和研究平台，促进教师间的交流与合作，为跨学科课程的实施提供有力支持。

（三）信息技术应用与平台建设

1. 智慧教室的建设与应用

智慧教室作为信息技术与教学深度融合的典范，其建设应注重技术先进性与教学实用性的结合。通过引入高清投影、电子白板、互动反馈系统等先进设备，打造沉浸式、互动式的学习环境。利用大数据分析技术，对学生学习行为进行跟踪和分析，为教师提供精准的教学反馈和个性化教学建议。智慧教室还应支持远程教学功能，满足不便线下交流期间线上教学的需求。

2. 优质在线教学资源的开发与共享

高校应充分利用互联网优势，积极开发符合本校特色和学科特点的在线教学资源，这包括制作高质量的 MOOCs、微课等视频课程，以及开发配套的在线测试、讨论区等互动环节。积极引入国内外优质的在线课程和教学资源库，为学生提供多元化的学习选择。通过建设统一的在线学习平台和管理系统，实现教学资源的共享和优化配置，提高教学资源的利用率和覆盖面。

（四）评价体系改革与激励机制

1. 科学评价指标体系的构建

评价体系是检验教学方法改革成效的重要标尺。高校应构建多元化、过程性的评价指标体系，将学生的知识掌握、能力发展、学习态度等多个方面纳入评价范围。通过采用定量与定性相结合的评价方法，确保评价结果的客观性和公正性。注重评价结果的反馈和应用机制建设，及时将评价结果反馈给教师和学生，为他们提供改进方向和建议。

2. 教师与学生的激励机制创新

高校应建立科学合理的激励机制，对于教师而言，可以通过设立科研成果奖励等方式肯定其教学贡献和学术成就，提供职业发展规划服务和心理咨询支持，关注教师的职业成长和心理健康；对于学生而言，可以通过设立奖学金、优秀学生评选等激励机制鼓励学生努力学习、积极参与课堂互动和实践活动。

（五）教师发展与支持体系

1. 教师发展中心的建立与运作

高校应成立专门的教师发展中心或机构负责教师的专业培训和职业发展规划工作，该中心应定期组织教学研讨会、工作坊、教学观摩等活动形式提升教师的教学设计、教学实施和教学评价能力，还应鼓励教师参与国内外的教学研究和学术交流活动，拓宽视野提升水平。

2. 教学研究与学术交流的支持

高校应加大对教学研究的支持力度鼓励教师开展教学创新实践和教学理论研究。通过设立教学研究项目、提供研究经费和出版资助等方式，为教师提供充足的研究资源和平台。加强与国内外高校及研究机构的合作与交流，组织教学研讨会、教学论坛等活动，促进教学理念和方法的碰撞与融合。通过教学研究的深入开展，不断探索适应新时代要求的教学方法，为高校教学方法改革提供理论支撑和实践指导。

3. 教师技能与素养的全面提升

在教学方法改革中，教师的专业素养和教学技能是关键因素。因此，高校应注重教师技能与素养的全面提升，这包括加强现代教育技术培训，使教师熟练掌握信息技术在教学中的应用；开展教学法培训，帮助教师掌握多种教学方法和策略，提高课堂教学的吸引力和有效性；加强师德师风建设，引导教师树立正确的教育观、学生观和质量观，以高尚的师德和精湛的教学技艺引领学生成长。

4. 建立教师评价与反馈机制

为确保教师发展工作的有效性和针对性，高校应建立科学的教师评价与反馈机制，这包括制定明确的教师评价标准，将教学质量、科研成果、社会服务等多个方面纳入评价范围；采用多元化的评价方法，如学生评教、同行评价、自我评价等，确保评价结果的全面性和客观性；建立及时的反馈机制，将评价结果及时反馈给教师，并为其提供改进建议和支持。通过评价与反馈机制的建立，激励教师不断进步，推动教学方法改革的深入发展。

第三节 高校教学方法改革的具体措施

一、落实学生主体地位

（一）合理减少必修课，适当增加选修课

1. 必修课与选修课比例调整的依据

在传统高等教育模式下，必修课程作为构建学生知识体系的基石，其重要性不言而喻。然而，过度强调必修课程的统一性往往忽视了学生的个性差异与兴趣导向，限制了学生自主发展的空间。因此，调整必修课与选修课的比例，成为落实学生主体地位的首要任务，这一调整需基于深入的学科分析、广泛的社会需求调研以及对学生发展需求的精准把握。具体而言，高校应依据不同学科的特点，确定核心必修课程，确

保学生掌握该领域的基础知识与基本技能；根据社会发展趋势和行业需求，灵活设置选修课程，鼓励学生根据自身兴趣与职业规划进行选择，以培养其跨学科思维与综合应用能力。

2. 选修课开设的多样性与灵活性

选修课的多样性是激发学生兴趣、促进其全面发展的重要途径。高校应建立开放、包容的课程开发机制，鼓励教师结合个人研究专长与学科前沿动态，开发具有创新性和前瞻性的选修课程，这些课程应覆盖人文社科、自然科学、工程技术等多个领域，为学生提供广阔的知识探索空间。选修课程的设置应保持高度的灵活性，能够随时代变迁和学生需求变化而及时调整。高校可通过定期评估选修课程的受欢迎程度与教学效果，及时淘汰过时课程，引入新课程，确保选修课程体系始终充满活力与吸引力。

（二）培养学生主动学习的意识和能力

1. 自主学习时间的保障

高校应通过优化教学安排，减少不必要的课堂讲授时间，为学生留出足够的自主学习空间，这要求教师在设计教学方案时，注重预习与复习环节的设置，引导学生提前了解课程内容，并在课后进行深入思考与实践，建立完善的学习资源支持体系。

2. 学习方法与策略的指导

高校应加强对学生的学习指导，这包括开设学习指导课程，系统地介绍学习理论、学习策略及时间管理等知识；组织学习经验交流会，邀请优秀学生分享学习心得与技巧；在教学过程中注重培养学生的批判性思维、问题解决能力和创新能力等高级认知能力。通过这些措施，学生不仅能够提高学习效率，还能在自主学习过程中形成独立思考、勇于探索的良好习惯。

（三）扩大课程与教师的选择权

1. 学生选课机制的优化

高校应建立公平、透明、便捷的选课系统，提供详尽的课程信息、教师介绍及评价反馈等，帮助学生做出明智的选择；加强选课指导服务，为学生提供个性化的选课建议与咨询；实行学分制管理也是扩大学生选课自主权的有效措施之一。通过学分制的实施，学生可以跨年级、跨专业选课，根据自己的兴趣和需求构建个性化的课程体系，从而实现知识与技能的全面发展。

2. 教师教学风格的多样化

教师教学风格的多样化是满足学生不同学习需求的重要保障。高校应鼓励教师发挥个人特长与优势，形成各具特色的教学风格，这要求高校为教师提供足够的自主空间与资源支持，鼓励其进行教学创新与实践；通过组织教学观摩、教学竞赛等活动，促进教师之间的交流与合作，共同提升教学质量与水平；建立科学、公正的教师评价体系，激励教师不断改进教学方法与手段。将学生评价纳入教师评价体系之中，可以促使教师更加关注学生的学习需求与反馈，从而不断优化教学内容与方式。

二、注重启发式教学

（一）教师从讲授者到引导者的转变

1. 教学方法的重新定位

在当代教育体系中，启发式教学的兴起标志着教学范式的一次深刻变革，要求教师从根本上重新审视教学方法的定位，将教学的焦点从单纯的知识传授拓展至学生能力的培育与思维潜能的激发。具体而言，教师应构建一种以学生为中心的教学模式，鼓励学生主动参与、积极探索，而非被动接受既定知识，这一过程中，教师成为学习路径的设计者、学习障碍的清除者以及学习成果的评估者，旨在通过精心设计教学活动，促进学生高阶思维能力和问题解决能力的发展。

2. 教师角色的具体实践

为实现从讲授者到引导者的顺利转型，教师需采取一系列创新的教学策略与方法。首先，问题情境的创设成为激发学生探索欲的关键，教师通过设计贴近实际、富有挑战性的问题情境，引导学生置身于真实或模拟的学术环境中，促使他们主动提出问题、分析问题并寻求解决方案；其次，小组讨论与合作学习模式的应用，为学生提供了思想碰撞与观点交流的平台，有助于培养学生的团队协作能力和批判性思维；最后，教师应积极参与学生的课外科研与实践活动，作为导师或顾问的角色，为学生提供专业指导和资源支持，促进其学术兴趣与能力的双重提升。

（二）激发学生独立思考

1. 引入学术争议，鼓励学生讨论

为了有效激发学生的独立思考能力，教师应积极将学术界的争议与热点问题引入课堂，构建开放、包容的讨论氛围。通过引导学生深入剖析不同学术观点，探讨其背后的理论基础、方法论差异及实践意义，培养学生的批判性思维和逻辑推理能力，这种讨论不仅有助于学生形成对复杂问题的多维度理解，还能激发其创新思维和解决问题的能力。注重培养学生的口头表达与书面沟通能力，使他们在讨论与交流中能够清晰、准确地表达自己的观点，并学会倾听与尊重他人的意见，从而全面提升其综合素质。

2. 提供多视角分析问题的方法

为了帮助学生建立全面的认知框架和解决问题的能力，教师应引导学生掌握并运用多视角分析的方法，这包括跨学科知识的整合、不同研究方法与理论框架的借鉴以及多元思维模式的运用等。通过介绍不同学科领域的研究范式、方法论以及理论框架，帮助学生打破学科壁垒，实现知识的融会贯通与综合运用；鼓励学生运用跨学科视角审视问题，提出新颖的解决方案，培养其创新思维与综合能力，使其能够独立开展研究并做出明智的决策。

（三）材料供给与加工

1. 学术观点的广泛介绍

为了拓宽学生的知识视野和学术领域，教师应积极整合并分享丰富的学术资源，这包括组织专题讲座、研讨会等活动，邀请专家学者分享最新研究成果与学术见解；推荐高质量的阅读书目、期刊论文及在线数据库等资源，引导学生关注学科前沿动态与热点问题。通过这些措施，教师可以帮助学生构建起一个既广泛又深入的知识体系，为其后续的学习与研究打下坚实的基础。教师还需注重培养学生的学术素养与批判性思维能力，引导其学会独立思考并评价不同学术观点的价值与意义。

2. 参考书目与文献的推荐

在启发式教学中，教师应根据学生的学术兴趣与研究需求，精心挑选并推荐具有代表性和前沿性的学术资源，这些资源不仅应涵盖学科基础知识与经典理论，还应包括最新的研究成果与热点问题探讨。在推荐过程中，教师应注重资源的多样性与互补性，确保学生能够接触到不同观点、不同方法的研究成果。教师还需教授学生如何有效地阅读、分析与引用这些文献资料，培养其信息筛选、整合与批判性评估的能力。通过这一过程，学生可以逐步建立起自己的学术视野与研究框架，为未来的学术探索奠定坚实的基础。

三、实验教学的改革

（一）减少验证性实验，增加设计性实验

1. 验证性实验的局限性

验证性实验作为实验教学的基础形式之一，长期以来在巩固理论知识、掌握基本实验技能方面发挥了重要作用。然而，其固有的局限性也逐渐显现：①过度依赖教材，实验内容多为已知结论的再现，缺乏探索性和未知性；②实验过程往往被标准化、程序化，学生只需按照既定步骤操作即可，难以激发其创新思维和解决问题的能力；③实验结果预期明确，导致学生缺乏面对失败和挑战的勇气与韧性。因此，减少验证性实验的比例，探索更加高效、富有挑战性的实验教学模式成为当务之急。

2. 设计性实验的意义与实施策略

设计性实验以其高度的自主性、创新性和实践性，成为实验教学改革的重要方向。该模式鼓励学生从实验设计到数据分析的全过程参与，不仅要求掌握扎实的理论基础和实验技能，更需具备独立思考、创新设计和解决问题的能力。具体而言，其实施策略包括以下几点。

（1）实验室资源优化。高校应加大对实验室建设的投入，更新实验设备，丰富实验材料，确保设计性实验所需资源的充足性。优化实验室管理，提高资源利用效率，为设计性实验的开展提供有力保障。

（2）实验教师队伍建设。加强实验教师的专业培训，提升其教学科研能力和指导学生开展设计性实验的能力。鼓励教师参与科研项目，将最新科研成果融入实验教学，丰富实验内容，提升实验教学的层次和水平。

（3）课程体系重构。调整实验课程设置，减少验证性实验的比例，增加设计性实验的内容。课程设计应充分考虑学生的知识结构和能力水平，确保实验项目既具有挑战性又具备可行性。注重实验项目之间的连贯性和系统性，促进学生知识体系的完整构建。

（4）评价体系改革。采用自我评价、同伴评价和教师评价相结合的方式，全面评估学生的实验设计能力、操作技能和创新能力。将实验成绩纳入课程总成绩，提高学生对实验教学的重视程度。

（二）强化综合性与创造性实验

1. 综合性实验对学生能力的培养

综合性实验以其跨学科、多领域的特点，成为培养学生综合素质的重要载体。为了进一步强化综合性实验的教学效果，高校应采取以下措施。

（1）优化实验课程设置。根据学科发展趋势和社会需求，合理设置综合性实验项目。确保实验项目既涵盖基础理论知识又涉及前沿科技领域，使学生能够在实践中深化对理论知识的理解并拓宽视野。

（2）加强实验教学管理。制定详细的实验教学计划和实施方案，明确实验目的、要求和步骤。加强实验过程的安全监管和质量控制，确保实验过程的安全有序进行。建立健全的实验报告和数据分析制度，规范学生的实验操作和数据处理流程。

2. 创造性实验的创新激励机制

创造性实验作为实验教学改革的最高层次，对于培养学生的创新意识和创新能力具有不可替代的作用。为了激发学生的创新热情和潜力，高校应建立健全的创新激励机制。

（1）设立创新实验项目基金。为支持学生开展具有创新性和实用性的实验研究提供资金支持。鼓励学生根据自身兴趣和专长提出创新实验项目申请,经专家评审后给予经费支持。加强项目管理和监督,确保项目按计划顺利进行并取得预期成果。

(2)举办创新实验竞赛和展览活动。定期举办创新实验竞赛和展览活动,为学生展示创新成果提供平台。通过竞赛和展览活动,激发学生的创新热情和竞争意识,促进优秀成果的交流和推广。对表现突出的学生给予表彰和奖励,增强其荣誉感和自信心。

(3)加强产学研合作与交流。积极与企业、科研机构等建立合作关系,为学生提供更多的实践机会和创新平台。通过产学研合作与交流,引导学生参与实际科研项目和产品开发工作,培养其将理论知识转化为实际应用的能力。

四、教学方法的多样性与灵活性

(一)小班化教学

1. 小班化的优势分析

小班化教学通过减少班级学生数量,为教育过程带来了革命性的变化,其核心优势在于能够显著提升师生互动的频率与质量,为每位学生提供更加个性化的学习支持。具体而言,小班环境下,教师能够更细致地观察学生的学习状态,准确捕捉其学习难点与兴趣点,从而实施更为精准的教学干预,这种即时反馈与调整机制,不仅促进了教学目标的达成,还激发了学生的学习动力与自信心。小班化教学还为学生提供了更多展示自我、交流思想的机会,有助于培养其团队协作与沟通能力,为终身学习奠定坚实基础。

2. 实施小班化的具体步骤

实施小班化教学是一项系统工程,高校需从多个维度协同推进。首先,科学规划班级规模,确保师生比例合理,为每位学生创造足够的关注空间，这要求高校在招生政策、教学资源分配等方面做出相应调整；其次，加强教师队伍建设是实施小班化教学的核心保障，加大对教师的培训力度，提升其教学技能与专业素养，使其具备在小班环境中实施个性化教学的能力；再次，完善教师激励机制，鼓励教师积极探索小班化教学模式，创新教学方法；最后，优化教学资源与设施配置，确保小班化教学所需的教学资源充足、设施完善，为教学活动的开展提供有力支持。

（二）讨论式教学

1. 讨论式教学的组织形式

讨论式教学以学生为中心，通过构建开放的课堂环境，鼓励学生主动思考、积极交流，其组织形式多样，包括小组讨论、全班辩论、角色扮演等，旨在通过多样化的互动方式，激发学生的思维活力与创造力。讨论式教学强调问题的导向性，通过引入具有争议性或挑战性的讨论话题，引导学生深入探究、广泛交流，从而在碰撞中生成新知、发展能力。

2. 讨论话题的选择与引导

在选择讨论话题时，教师应遵循代表性、时代性、启发性和争议性的原则，确保话题既能贴近学生生活实际，又能引发学生的深度思考。教师需充分考虑学生的认知水平与兴趣点，使话题既具有挑战性又不至于使学生感到过于困难。在讨论过程中，教师应通过设定讨论规则、提供背景资料、适时提问与引导等方式，确保讨论活动有序进行，并引导学生逐步深入问题本质，形成有价值的见解。教师还应关注学生的讨论状态，及时给予肯定与鼓励，营造积极向上的课堂氛围。

◎ 教育重塑：高校教学改革及其创新实践

（三）学导式教学

1. 学导式教学的核心理念与实践路径

学导式教学强调学生的主体地位与自主学习能力的培养。在教学过程中，教师不再是知识的灌输者，而是学生学习过程的引导者与促进者。学导式教学鼓励学生通过自主学习、合作探究等方式获取知识与技能，培养其独立思考、解决问题的能力以及终身学习的习惯。实践路径上，学导式教学要求教师为学生提供丰富的学习资源与多样的学习途径，如网络课程、实验实践、项目研究等，以满足学生个性化学习的需求。教师还需注重对学生学习方法的指导与策略的培养，帮助学生掌握有效的学习技巧与策略。

2. 自主学习能力培养的关键环节

在学导式教学中，自主学习能力的培养是核心目标。为实现这一目标，教师应关注以下关键环节：①是激发学生的内在学习动机，通过设置有趣的学习任务、提供及时的反馈与奖励等方式，增强学生的学习兴趣与成就感；②培养学生的元认知能力，即帮助学生学会自我监控、自我调节与自我评价，提高其自主学习的效率与质量；③加强学生的信息素养教育，使学生具备信息获取、处理与利用的能力，为自主学习提供有力支持；④促进学生的合作学习与交流分享，通过小组合作、同伴辅导等方式，增强学生的团队意识与沟通能力，同时拓宽其知识视野与思维空间。

五、多媒体教学课件的运用

多媒体教学课件在现代教育中占据了重要位置，其丰富的表现力、交互性及资源共享的优势，为教学活动带来了前所未有的变革和发展机遇。

（一）多媒体教学课件的优势

1. 表现力丰富，交互性强

（1）多媒体教学课件通过整合图像、声音、动画等多种媒体形式，能够有效地传达复杂的教学内容，这种整合不仅使抽象概念和复杂过程变得直观易懂，而且极大地提升了学生的理解能力和学习兴趣。图像和动画可以帮助学生更好地理解动态变化过程，而音频和视频则能提供丰富的背景信息，形成多感官的学习体验。

（2）通过实时反馈和交互设计，课件能够根据学生的反馈和需求，及时调整教学内容和节奏。例如，学生在学习过程中遇到困难时，系统可以自动提供提示或补充资料，从而实现个性化学习。交互式练习和测验能够即时检验学生的学习效果，帮助教师了解学生的掌握情况，以便于及时调整教学策略。

2. 资源共享，利于知识同化

多媒体教学课件的资源共享特性为教育资源的广泛传播提供了便利。在数字化时代，教师可以通过网络平台将课件上传和分享，使得学生无论身处何地，都能获取到高质量的教学资源，这种开放性和共享性不仅扩大了知识的传播范围，也为学生提供了多样化的学习路径和选择。自主学习模式有助于学生更深入地理解和记忆知识点，从而促进知识的同化和内化。资源共享也为教师之间的协作提供了可能性，教师可以借鉴他人的优秀课件设计，提升自身的教学水平。

（二）多媒体教学课件的设计与制作

1. 教学目标的明确

设计多媒体教学课件时，明确教学目标是首要任务。教学目标指明了课件需要实现的教育效果，它直接影响着课件的内容选择、教学方法和手段。一个明确的教学目标有助于确保课件能够有效地传递知识、培养能力，并提高学生的综合素质。教学目标的设定应充分考虑学生的认知水平和学习需求。根据不同的课程内容和教学对象，合理设定具体、可测量的目标。

2. 教学内容的选择与呈现

由于多媒体课件的信息量大且呈现方式多样，因此在内容设计中要注意重点突出。避免过于冗长和复杂的内容，以简洁明了的方式呈现核心知识点和难点，从而引导学生抓住重点、突破难点。在内容呈现上，采用逻辑清晰、层次分明的结构设计，结合适当的媒体形式，使学生在学习过程中能轻松跟随课件的引导，逐步深入理解知识。注重视觉设计和信息布局，确保课件界面简洁、美观，信息传达清晰有效。

3. 交互设计合理

合理的交互设计能够显著提高多媒体教学课件的教学效果。在交互设计中，应注重问题的针对性和层次性。问题设计要紧扣教学目标，具有挑战性，能够引导学生深入思考和探究。根据学生的反馈，动态调整互动内容，以适应学生的认知水平和学习进度，确保每位学生都能在互动中获得有效的学习体验。

4. 技术运用恰当

多媒体教学课件的制作需要依赖多种技术手段，如图像处理、动画制作、音频录制等。在技术应用过程中，应始终以教学内容和效果为核心，避免过度追求技术效果而忽略教学目标。技术的恰当运用可以增强课件的表现力和吸引力，但不应喧宾夺主。在技术运用中，还需注意课件的兼容性和稳定性，确保在不同设备和环境下正常播放和使用。课件设计应充分考虑到多种教学平台的需求，如多媒体教室、在线学习平台等，确保课件能在各种技术条件下流畅运行。技术人员应与教学团队密切合作，确保课件设计符合教学需求，达到预期的教学效果。

（三）多媒体教学课件在高校教学中的应用

1. 课前准备阶段

在课前准备阶段，首先，教师需明确教学目标与教学内容，依据学生的认知特点和学习需求，精心设计课件内容，这包括选择恰当的教学媒体（如文本、图片、音频、视频、动画等），以直观、生动的方式呈现抽象概念或复杂过程，激发学生的学习兴趣和积极性；其次，教师应注重课件的交互性设计，通过提问、讨论、测试等形式，引导学生主动参与到学习过程中来；最后，教师需考虑课件的兼容性和可访问性，确保在不同教学平台（如多媒体教室、在线学习平台）上均能顺畅运行，满足不同学生的学习需求。在准备过程中，教师还可以利用网络资源，如教育数据库、在线课程平台等，搜集丰富的教学素材，进一步丰富课件内容，提升教学质量。

2. 课堂实施阶段

在课堂实施过程中，多媒体教学课件的灵活运用是提高教学效果的关键。教师可以利用课件的直观性特点，快速引入新课内容，吸引学生的注意力。通过演示动画、播放视频等多媒体手段，将抽象的知识具体化、形象化，帮助学生更好地理解和掌握。教师可以结合课件内容，组织学生进行小组讨论、案例分析等教学活动，促进师生互动、生生互动，培养学生的批判性思维和问题解决能力。值得注意的是，多媒体教学课件虽好，但不可完全依赖。教师应注重引导学生思考、探索和实践，根据学生的学习反馈，灵活调整教学策略，确保教学活动的有效性和针对性。

3. 课堂评估阶段

（1）评估教学效果。为了全面、客观地评估多媒体教学课件的教学效果，教师需要采用多元化的评估方式。首先，可以通过传统的测验、考试等形式，检验学生对知识点的掌握情况；其次，要关注学生的学习过程和学习体验，通过问卷调查、访谈、课堂观察等方法，收集学生对多媒体教学课件的反馈意见。

（2）建立反馈机制。建立有效的反馈机制是提升多媒体教学课件教学效果的重要途径。一方面，教师应积极听取学生的反馈意见，根据学生的需求和建议，不断优化课件内容和教学方法；另一方面，学校应建立完善的教学质量监控体系，定期对多媒体教学课件的使用情况进行检查和评估，确保课件的质量符合教学要求。

六、高校教学改革的保障措施

（一）制度保障

1. 制定配套的教学管理制度

高校教学改革的核心在于创新教学模式与方法，而多媒体教学课件作为现代教学手段的重要组成部分，其有效应用离不开科学合理的教学管理制度支撑。因此，高校应紧跟时代步伐，制定与多媒体教学课件应用相适应的教学管理制度，明确教师使用多媒体教学课件的具体职责、权利与义务，确保教学活动有序进行。具体而言，管理制度应涵盖课件的开发标准、使用规范、评估体系及反馈机制等方面。开发标准旨在确保课件内容科学、结构合理、技术先进；使用规范强调教师在课堂上的正确使用方式，避免过度依赖或滥用课件；评估体系通过量化与质性相结合的方式，对课件的教学效果进行全面评价；反馈机制鼓励师生积极参与，及时反映使用中的问题与建议，促进课件的不断优化。

2. 建立激励机制，激发教师积极性

为了鼓励教师积极开发和应用多媒体教学课件，高校应建立多元化的激励机制，这包括但不限于设立专项基金支持课件开发项目、举办课件设计大赛并给予获奖者荣誉与物质奖励、将课件应用成效纳入教师职称评聘与绩效考核体系等。通过这些措施，可以有效激发教师的内在动力，促进其在教学实践中不断探索与创新，推动教学改革向纵深发展。

3. 加强教学管理信息化建设

教学管理信息化是提升教学管理效率与质量的重要手段。高校应充分利用现代信息技术，建立教学资源共享平台和教学评价系统，实现教学资源的数字化、网络化与智能化管理。教学资源共享平台可以打破时空限制，促进优质教学资源的广泛传播与共享；教学评价系统则能够收集并分析大量教学数据，为教学改革提供科学依据与决策支持。信息化手段还能促进师生之间的有效沟通与交流，增强教学互动性与参与度。

（二）师资保障

1. 深化教师培训内容与形式

教师是教学改革的主力军，其专业素养与教学能力直接影响教学改革的成效。因此，高校应高度重视教师培训工作，根据多媒体教学课件应用的需求与特点，设计并实施有针对性的培训方案。培训内容应涵盖多媒体教学课件的设计与开发技术、教学资源的整合与利用策略、教学方法的创新与实践路径等多个方面。培训形式也应灵活多样，包括专题讲座、工作坊、在线学习、案例研究等，以满足不同教师的个性化需求与学习风格。

2. 提升教师信息技术素养

随着信息技术的飞速发展，多媒体教学课件的制作与应用对教师的

信息技术素养提出了更高要求。高校应加强对教师信息技术素养的培养与提升工作,引导教师掌握现代信息技术的基本知识与技能,如多媒体制作软件的操作、网络资源的检索与利用、教学平台的操作与管理等。通过提升教师的信息技术素养,可以为其在多媒体教学课件的应用中提供更加广阔的空间与可能。

3. 促进教师间的交流与合作

教师间的交流与合作是推动教学改革的重要途径。高校应鼓励教师之间建立紧密的合作关系,共同开展多媒体教学课件的开发与应用研究。通过组建教学团队、开展集体备课、组织教学观摩与研讨等活动,可以促进教师之间的经验分享与智慧碰撞,激发新的教学灵感与创意。交流与合作还能帮助教师发现自身在教学中的不足与问题,从而有针对性地进行改进与提升。

(三)资源保障

1. 加大教学设施设备的投入

多媒体教学课件的应用需要相应的教学设施设备支持。高校应加大对教学设施设备的投入力度,配备先进的多媒体教学设备和软件工具,这包括但不限于高清投影仪、触控一体机、虚拟现实设备等现代化教学设备以及专业的课件制作软件与工具。通过配备先进的教学设施设备,可以为教师提供更加便捷高效的多媒体教学环境,提高教学效果与学生的学习体验。

2. 引进优质教学资源与课件素材

优质的教学资源与课件素材是提升教学质量的重要保障。高校应加强与企业、科研机构等外部单位的合作与交流,积极引进优质的教学资源与课件素材,这不仅可以丰富教学内容与形式,还可以借鉴外部单位的先进经验与技术手段，推动本校教学改革的深入发展。高校还应注重自主开发教学资源与课件素材工作，鼓励教师结合本校实际与学科特点进行创新性设计与开发。

3. 建立教学资源库与共享平台

为了实现教学资源的优化配置与高效利用，高校应建立教学资源库与共享平台。教学资源库可以集中存储各类教学资源与课件素材，并按照一定的分类标准与检索规则进行有序管理；共享平台则可以为师生提供便捷的资源共享与交流服务。通过建立教学资源库与共享平台，可以减少重复劳动和资源浪费，有助于形成开放、合作、共享的教学文化氛围，激发教师和学生的创新活力。

4. 持续优化资源配置机制

高校在资源配置上应建立动态调整与持续优化机制，这意味着，学校需要定期评估教学资源的配置效果和使用效率，根据教学需求的变化和新兴技术的发展，及时调整和优化资源配置方案。例如，对于使用率低或技术落后的教学设备，可以考虑更新换代或重新调配；对于新兴的教学技术和工具，则应及时引进并培训教师掌握其使用方法。通过这种机制，可以确保教学资源的有效利用和持续更新，为教学改革提供强有力的物质支持。

5. 强化教学资源的维护与管理

教学资源的有效使用还离不开良好的维护与管理。高校应建立健全的教学资源维护与管理制度，明确管理责任与流程，确保教学资源的完好性和可用性，这包括定期对教学设备进行检修与维护，保证设备的正常运行；对教学软件进行更新与升级，确保其兼容性和安全性；对教学资源库进行定期清理与整理，避免冗余和过时资源的积累；加强对师生的宣传与教育，提高他们的资源保护意识，共同维护良好的教学环境。

◎ 教育重塑：高校教学改革及其创新实践

第四节　高校教学方法改革的创新研究

要想落实高校教学方法改革，应"对我国高等院校进行教学层次分类，不断提高优势学科的国际竞争力，加快打造世界一流大学的速度，并通过教学改革和优化，培养出一批高素质、高层次人才，为提高我国综合实力作贡献"[①]，其实施策略主要包括以下方面。

一、持续建设优良教学文化

建设优良的教学文化是高等教育发展的关键任务，要实现这一目标，需要确立以教学为中心的理念，将人才培养置于首要位置，这要求全体教职员工在思想深处树立"老师是第一身份、上好课是第一要务、关爱学生是第一责任"的价值观，这种价值观不仅强调教师在教学过程中的核心角色，还重视教学质量对学生发展的重要性。因此，激发教职员工对教学的重视和提升教学水平的内驱动力是必要的。

（一）以教学为中心的理念确立

在高等教育体系内，确立教学为核心的理念，核心在于将教学质量视为发展的基石，这促使教师致力于自我教学能力的持续优化，此理念倡导在院校层面构建一种以教学为尊的文化生态，强调教学质量的至高无上性。在此框架下，现代教育技术与学科内容的深度融合成为关键策略，旨在通过技术赋能教学，使教师能够灵活应对学生多样化的学习需求，进而实现教学效果的显著提升，这一过程不仅促进了教学方法的创

----
① 常江红. 新时代下高校教学方法改革因素分析及创新实践[J]. 知识窗（教师版），2023（3）：100.

新，也加深了教育技术与教育实践的融合深度，为高等教育质量的全面提升奠定了坚实基础。

（二）制订科学的教学计划

要制订科学的教学计划，高校需要分步实施，先制定符合当前高等教育实际情况的管理制度。制度不仅对教学方案的实施起指导作用，还能有效促进优良教学文化的形成。如果制度不完善，就可能导致教学文化建设过程中出现阻碍。因此，高校管理层需要重视制度的建设，确保其能够适应不断变化的教育环境。高校应注重现代教育技术的应用，以提升教师的教学水平，并形成良好的教风，这种实践探索不仅需要学校提供必要的资源支持，还需要教师有勇于创新的精神和不断提升自我的动力。

（三）强调学生学习能力的培养

高校需要在教学过程中注重对学生社会责任感的培养，鼓励他们积极服务社会，培养学生的创新精神和实践能力，有助于他们更好地适应未来社会的需求。为了达到上述目标，高校需要创造一种良好的学风，这不仅需要教师在教学过程中注重培养学生的学习兴趣和动机，还需要在整个校园中形成一种积极向上的学习氛围，这种学风的形成，可以通过多种途径实现，包括组织各类学术活动、鼓励学生参与科研项目等。

二、深度拓展高等教育学理论研究

（一）理论与实践的结合

高等教育学理论研究需要理论与实践相结合。理论研究不仅需要高瞻远瞩的哲理思考，还需熟悉世界和中国的文化发展过程。只有在深刻理解文化背景的基础上，才能准确把握教育发展方向。传统的高等教育学理论往往以教师为中心,强调重教轻学的课堂教学观念。随着教育理念不断发展,高等教育学的新理论开始强调因学而教,注重提高学生的自主学习意识和学习积极性,这种转变不仅反映了教育观念的进步,也要求教师在教学过程中更加注重学生的主体地位。

(二)跨学科与复合型专业知识的需求

高等教育学的理论研究需要跨学科的视野和复合型的专业知识。不同专业有其特有的知识结构,高校科研人员需要具备跨学科的专业知识,才能更好地探索适合各专业的教学方法。跨学科的研究不仅需要教师具备多元的知识背景,还要求他们能够从不同学科的视角进行问题分析。尤其是在全球化背景下,不同学科对教学方法的需求可能各不相同。因此,高校需要在深入分析和归纳人才培养规律的基础上,制定出适合各专业的教学方法。

(三)多样化的人才培养

高等教育学理论研究还需要关注多样化的人才培养模式。在现代社会中,不同领域对人才的需求各异。因此,高校需要探索多样化的教育方式,以适应社会的需求。例如,在工科、农科、医科等领域,需要培养出具有实用技能和创新能力的人才。在人文学科领域,教育方式则可能更加注重批判性思维和文化素养的培养。高校还需根据不同人才的特征,制定出不同的培养方案。例如,创业型人才培养和非创业型人才培养所需的教学方法可能并不相同。高校需要深入分析不同类型人才的需求,制定出适合的教育方案。

三、构建符合学生成长规律的教学方法培养体系

在信息技术快速发展的新时代,高校的教育培养不仅是一种一次性的教育过程,而是应将其融入教师的岗前、岗中培训和教师的整个发展

历程中。因此，高校需要建立适合学生自身特点的教学方法和训练体系。

（一）教学方法改革与个性化教学方案

教学方法的改革是构建符合学生成长规律的教学体系的关键。在教学方法改革过程中，教师需要根据学生群体的特点和自身的知识体系，制定出针对性、个性化的教学方案，这种个性化的教学方案不仅能够满足不同学生的需求，还能够激发学生的学习兴趣，提高他们的学习积极性。个性化教学方案的制定需要教师在了解学生特点的基础上，结合自身的教学经验，设计出适合的教学方案。在这一过程中，教师应注重发挥自身在教学过程中的主导作用，形成以学生群体为核心的"投入与产出"教学方法体系。

（二）自主与个体化教学方法的形成

自主与个体化教学方法的形成是提高学生学习能力的重要途径。在这种教学方法体系中，投入产出的自主教学体系不仅强调学生在学习过程中的主体地位，还注重教师在教学过程中的引导作用。教师需要在教学过程中，创造出一种自主学习的氛围，引导学生积极参与到学习中来。通过这种自主与个体化的教学方法，学生能够更好地掌握学习内容，培养出良好的学习习惯。

（三）信息技术在教学中的应用

在构建符合学生成长规律的教学方法体系中，信息技术的应用可以极大地提高教学的效果。通过信息技术，教师可以更好地了解学生的学习情况，制定出更加个性化的教学方案。信息技术还可以帮助教师更好地实现教学资源的共享，提高教学资源的利用效率。在信息技术的支持下，教师可以更好地实现教学过程的动态调整，提高教学的灵活性和适应性。

第三章 高校教学评价改革及其创新路径

第一节 高校教学评价改革的指标体系设计

一、高校教学评价改革的理论基础

（一）教育评价的理论体系

1. 教育评价的要素

教育评价作为教育科学研究的重要组成部分，其核心在于通过系统地收集、处理和分析信息，对教育过程、教育结果及教育活动中的相关因素进行价值判断的过程，这一定义不仅涵盖了评价的对象——教育过程、结果及其相关因素，还强调了评价的方法论特征，即系统性、科学性和价值性。教育评价的类型多样，依据不同的分类标准可划分为形成性评价与总结性评价、绝对评价与相对评价、定量评价与定性评价等，这些不同类型的评价各有侧重，共同构成了教育评价的多元体系。

在教育评价的功能层面，首先，评价具有导向功能，能够引导教育者和学习者明确教育目标，调整教育行为；其次，评价具有诊断功能，能够通过对教育过程及结果的深入分析，揭示存在的问题与不足；再次，评价具有激励功能，能够激发教育者和学习者的积极性与创造性；最后，评价具有管理功能，能够为教育决策者提供科学依据，促进教育资源的优化配置。

2. 现代教育评价理念的发展

随着教育理论的不断演进和教育实践的深入发展，现代教育评价理念也经历了从单一到多元、从静态到动态、从结果导向到过程与结果并重的转变。具体而言，现代教育评价更加注重评价主体的多元化，鼓励学生、教师、家长及社会各界参与评价，形成多元共治的评价格局；强调评价内容的全面性，不仅关注知识技能的掌握情况，还重视情感态度、价值观、创新能力等非认知因素的发展；倡导采用多样化的评价方法，如观察法、访谈法、案例研究法等，以更全面地反映教育过程与结果的复杂性。

（二）教学质量观与学生发展观

1. 教学质量的多维度理解

教学质量是高校生存与发展的生命线，其内涵丰富且多维。从知识传授的角度看，教学质量体现在教学内容的准确性、前沿性和逻辑性上；从能力培养的角度看，教学质量则关注学生批判性思维、创新能力、实践能力等综合素养的提升；从情感态度的角度看，教学质量还涉及学生学习兴趣的激发、学习动力的增强以及积极学习态度的培养。因此，全面理解教学质量，需要综合考虑知识、能力、情感等多个方面，形成多维度的评价体系。

2. 学生全面发展观在教学评价中的应用

学生全面发展观强调以学生为中心，关注学生的全面发展与个性化成长。在教学评价中，这一观念要求评价内容不仅要涵盖学生的认知发展，还要关注其情感、态度、价值观等非认知因素的变化；在评价方法上，倡导采用多元化、情境化的评价方式，以更真实地反映学生的发展状况；在评价主体上，鼓励学生自评、互评与教师评价相结合，形成多元评价主体共同参与的评价机制。通过实施基于学生全面发展观的教学评价，可以有效促进学生的全面发展与个性化成长。

（三）理论与实践相结合的评价改革

理论与实践相结合是教育的基本原则，也是教学评价改革的重要指导思想。在教学评价中，坚持理论与实践相结合的原则，有助于确保评价体系的科学性与有效性。一方面，通过深入研究教育评价理论，可以明确评价的目标、原则与方法，为评价实践提供理论指导；另一方面，通过实践探索与经验总结，可以不断完善评价理论，推动教育评价理论的创新与发展。在设计高校教学评价改革的指标体系时，要充分体现理论与实践相结合的原则。首先，要深入调研高校教学实际，了解教学过程中的具体问题与需求，确保评价指标贴近实际、具有针对性；其次，要广泛借鉴国内外先进的教育评价理论与方法，结合高校自身特点进行本土化改造与创新；再次，要注重评价指标的可操作性与可测量性，确保评价实践能够顺利进行并取得实效；最后，要在评价过程中注重反馈与调整机制的建设，及时收集评价信息并进行深入分析，以便对评价指标体系进行持续优化与完善。

二、高校教学评价改革指标体系的设计原则

（一）科学性原则

1. 指标选取的科学依据

科学性原则是构建高校教学评价改革指标体系的基础和核心，它要

求在设计评价体系时，必须紧密依托教育评价理论的深厚根基，遵循教育规律与评价原理，确保评价指标的选取既有坚实的理论基础，又符合教育实践的需求。具体而言，指标体系的构建应先通过广泛而深入的文献综述，梳理国内外关于高校教学评价的理论研究成果与实践经验，明确评价目的、对象、范围及标准。结合专家咨询、同行评审、教师与学生的问卷调查等多种方式，广泛收集各方意见与建议，通过科学论证与综合分析，筛选出既具有普遍适用性又体现高校特色的评价指标。

2. 数据收集与分析方法的科学性

在数据收集与分析阶段，科学性的体现尤为关键。为确保评价信息的真实性与有效性，应采用多元化的数据收集方法，包括但不限于问卷调查、深度访谈、课堂观察、学生作业与考试成绩分析等，以全面捕捉教学过程中的关键信息与细节。在数据分析环节，则需运用先进的统计软件与数据挖掘技术，对收集到的数据进行系统整理、清洗、分析与挖掘，以揭示教学现象背后的深层规律与潜在问题。此外，还应注重数据的信度与效度检验，确保分析结果的可靠性与准确性。

（二）全面性原则

1. 覆盖教学过程的各个环节

全面性原则强调评价指标体系应全面覆盖教学过程的各个方面，形成一个多维度、多层次的评价体系，这要求在设计评价指标时，不仅要关注教学目标是否明确、教学内容是否丰富、教学方法是否得当等常规要素，还应深入考察师生互动的质量、课堂氛围的营造、学生学习态度与动力的激发等非物质层面的教学因素。通过构建这样的评价体系，可以实现对教学全过程的细致描绘与综合评价，为教学改进提供全面而深入的信息支持。

2. 考虑不同学科、专业的差异性

高校内各学科、专业之间在教学目标、内容、方法等方面存在显著差异，这要求评价指标体系在设计时必须充分考虑这种差异性。具体而言，应根据不同学科、专业的特点与需求，灵活调整评价指标的权重与侧重点，以体现各学科的独特价值与要求。例如，在理工科专业的评价体系中，可以加大实验技能与实践能力培养方面的权重；而在人文社科专业中，则可能更注重批判性思维、文化素养等方面的评价。通过这样的差异化设计，可以确保评价结果更加贴近实际、更具针对性与有效性。

（三）可操作性原则

1. 指标具体化与可量化

可操作性原则直接关系到评价体系的实施效果与推广应用。为了确保评价体系的可操作性，评价指标必须具体明确、易于理解且可量化。具体而言，在设计评价指标时，应采用清晰、具体的语言描述指标内容，避免模糊性与歧义性；尽可能将评价指标转化为可量化的形式，如通过等级评分、百分比、比率等方式进行评价。这样的设计不仅有助于减少评价者主观判断的偏差，提高评价的客观性与准确性，还便于数据的收集、处理与分析工作的高效开展。

2. 评价流程简单明了

评价流程设计应简单明了、易于操作，评价流程应包括明确的评价步骤、时间节点与责任分工，以确保评价工作能够有序、高效地进行；为评价者提供必要的培训与支持服务，帮助他们熟悉评价流程与方法、掌握评价工具与技术。通过这样的设计与安排，可以降低评价工作的复杂性与难度，提高评价者的参与积极性与工作效率，也有助于提升评价结果的可靠性与有效性。

（四）发展性原则

1. 鼓励创新与持续改进

发展性原则强调高校教学评价改革应具有前瞻性与动态性，鼓励在教学评价中不断创新与持续改进，这要求评价指标体系在设计时应具备开放性与灵活性，能够容纳新的评价理念、方法与技术的不断涌现与应用。具体而言，可以通过设立创新评价项目、鼓励教师参与评价改革研究等方式，激发评价创新的活力与动力；建立定期评估与反馈机制，对评价指标体系进行持续优化与升级。通过这样的努力与实践，可以推动教学评价改革的深入发展，也有助于提升评价体系的适应性与有效性。

2. 适应教育发展趋势的能力

为了应对高校教学评价的挑战并抓住机遇，评价指标体系必须具备适应教育发展趋势的能力，这要求评价指标体系能够敏锐地捕捉教育发展的最新动态与趋势；根据这些动态与趋势，及时调整和完善评价指标与方法。具体而言，可以加强与国际先进教育评价体系的交流与合作；积极借鉴国内外优秀的教育评价经验与实践成果；加强教育评价理论研究与实践探索，从而实现这一目标。通过这样的努力与实践，可以确保高校教学评价始终走在时代的前列，为高等教育的质量与效益提升提供有力支持。

三、高校教学评价改革指标体系的设计框架

（一）指标体系设计的总体思路

在高等教育领域，教学评价作为提升教育质量、促进教育公平的重要手段，其指标体系的设计需紧密围绕人才培养的核心目标展开，这一总体思路强调了教学评价的系统性、科学性和前瞻性，旨在通过构建全

面、多维的评价体系，客观反映教学活动的真实状态，为教育决策提供有力支持。

1. 紧密契合人才培养目标

指标体系的设计应明确高等教育的根本任务——培养具有创新精神和实践能力的高素质人才，这意味着在设定评价维度和具体指标时，需深入剖析各专业的人才培养方案，确保评价指标与培养目标高度一致。例如，对于理工科专业，应更加注重学生实验技能、问题解决能力的培养；而人文社科类专业则可能更侧重于批判性思维、跨文化交流能力的评价。

2. 平衡教学过程的各个环节

指标体系应全面覆盖教学过程的各个环节，包括教学准备、教学实施、教学反馈与改进等，以实现教学评价的全程性、动态性和连续性，这种平衡不仅体现在对不同教学环节的等重评价上，还体现在对各环节内部要素的细致考量上。例如，在教学实施环节，既要评价教师的教学方法和手段，也要关注学生的参与度和学习体验；在教学反馈与改进环节，则需建立有效的信息收集和反馈机制，确保评价结果的及时应用和优化。

（二）高校教学评价改革的指标设定

1. 教师教学质量

（1）教学能力。教学能力包括专业知识掌握程度、教学方法多样性、课堂组织能力、信息技术应用能力等，这些指标旨在评估教师是否具备扎实的专业知识基础、能否灵活运用多种教学方法激发学生的学习兴趣、能否有效组织课堂教学活动、能否充分利用信息技术手段辅助教学。

（2）教学态度。教学态度包括责任心、敬业精神、耐心与细心等，这些指标关注教师在教学过程中的态度表现，如是否认真负责、是否耐心解答学生疑问、是否关注学生的个体差异等。

（3）教学创新。教学创新包括教学理念更新、教学内容与方法的创新、教学评价的多元化等，这些指标鼓励教师不断探索新的教学理念和方法，以适应时代发展和学生需求的变化。

2. 学生学习成效

（1）知识掌握。知识掌握作为学生学习成效的基础维度，其评价需兼具客观性与全面性。首先，考试成绩作为传统且直接的评价手段，应继续发挥其量化评估的优势，结合课程性质与目标设定合理的评分标准；其次，作业完成情况能够反映学生课后的学习投入与理解深度，通过作业内容的设计与创新，如案例分析、研究报告等，鼓励学生深度思考与知识应用。

（2）能力发展。能力发展是衡量学生综合素质提升的重要标志，包括问题解决能力、团队协作能力、创新能力等。针对这些能力的评价，需依托具体的教学活动与实践平台。项目实践通过模拟真实工作场景，要求学生综合运用所学知识解决实际问题，有效锻炼其问题解决能力。课程设计则鼓励学生创新思维，通过自主设计项目方案，展现其创新能力与批判性思维。社会实践活动则为学生提供了团队协作与沟通交流的机会，通过团队合作完成任务，提升其团队协作能力。在评价过程中，应重视过程性评价与结果性评价相结合，既关注最终成果的质量，也重视学生在过程中的表现与成长。

（3）综合素质提升。综合素质的提升是高校教育的重要目标，涵盖思想道德、身心健康、文化艺术等多个方面。在思想道德方面，可通过学生自评、互评与教师评价相结合的方式，评估学生的道德品质、社会责任感等。在身心健康方面，可引入体质测试、心理健康筛查等量化指标，同时结合体育锻炼参与度、心理健康讲座参与度等过程性指标进行评价。文化艺术素养的提升则可通过参与文艺活动、艺术创作、文化讲座等途径进行考察，鼓励学生广泛涉猎，提升人文素养与审美情趣。此外，社会评价作为外部视角，可通过实习单位反馈、社会实践报告等形式，为学生综合素质的提升提供更为全面的评价依据。

3. 教学资源与环境

（1）硬件设施。教学硬件设施是保障教学质量的基础条件，在评价过程中，应重点关注教学设备的先进性，如多媒体教室、实验室设备的更新换代情况，确保教学手段与现代教育技术接轨。实验室的配备情况需根据专业需求进行差异化评估，确保实验教学的顺利开展。图书馆作为知识宝库，其藏书量、更新速度及电子资源的丰富程度也是评价的重要指标。此外，还应关注设施的维护与保养情况，确保资源的可持续利用。

（2）图书资料。图书资料作为学生学习的重要资源，其种类、数量、质量及获取便利性均须纳入评价体系。在种类上，应覆盖专业基础、前沿研究、通识教育等多个领域，满足不同学生的学习需求。在数量上，需保证充足性，避免资源短缺影响学生学习。在质量上，需注重权威性与时效性，确保学生获取到的是准确、最新的知识信息。在获取便利性方面，则需优化图书管理系统，提供便捷的检索与借阅服务，提高资源利用效率。

（3）网络教学资源。在评价过程中，应重点关注在线课程的丰富程度与教学质量，确保课程内容的前沿性、系统性与实用性。教学视频、电子图书等资源的可用性也是评价的重要指标，须确保资源更新及时、访问流畅。此外，还应关注网络学习平台的互动性与个性化服务功能，如在线答疑、学习进度跟踪等，以提升学生的学习体验与效果。

（4）教学环境。教学环境对学生的学习效果具有重要影响。在物理环境方面，需关注教室的光线、温度、噪声等因素，确保学生能够在舒适的环境中学习。学习氛围的营造也是关键，通过增加师生互动、生生互动的机会，提升课堂参与度与活跃度。学习空间的灵活性也是评价的重要指标，需支持小组合作学习、远程学习等多种学习模式需求，以适应不同学生的学习习惯与需求。

4. 教学管理与服务

（1）教学质量监控。教学质量监控是保障教学质量的重要手段，在教学检查制度方面，需建立定期与不定期相结合的检查机制，确保教学工作的规范性与有效性。学生评教制度作为评价教学质量的重要参考，其实施效果需重点关注评分的公正性、客观性与反馈的及时性。同行评议作为专业评价的重要方式，需确保其公正性与透明度，促进教师之间的交流与成长。教学质量反馈机制的建立与完善也是关键，需确保反馈信息及时收集、整理与分析，为教学改进提供有力支持。

（2）学生支持服务。

第一，在学业辅导方面，需建立覆盖广泛、针对性强的辅导体系，为不同学习需求的学生提供个性化指导。具体而言，可以设立学习辅导中心，配备专业教师和助教团队，提供一对一辅导、学习小组、学科讲座等多种形式的学习支持。利用在线学习平台，开发自主学习资源和工具，如在线答疑系统、学习进度追踪软件等，增强学习辅导的灵活性和便捷性。

第二，在心理咨询服务方面，应确保服务的专业性和可用性。建立由专业心理咨询师组成的服务团队，提供面对面的咨询、电话咨询、网络咨询等多种咨询方式，以满足学生多样化的需求。加强心理健康教育，通过开设心理健康教育课程、举办心理健康讲座和活动等，提高学生的心理健康意识和自我调节能力。

第三，在就业指导服务方面，应建立完善的就业指导体系，提供职业规划、求职技巧培训、就业信息发布等全方位服务。通过举办招聘会、职业讲座、实习实训等活动，帮助学生了解行业动态，注重个性化指导，增强就业竞争力。

第四，注重学生社团和课外活动的丰富性和促进全面发展的作用，应鼓励学生积极参与各类社团活动和课外实践，如学术竞赛、文艺表演、体育比赛等。通过社团活动，学生可以拓宽视野、增长见识、锻炼能力，为未来的学习和工作打下坚实的基础。

（3）教学改革与研究。

第一，在评价教学改革与研究成效时，应重点关注教师参与教学改革项目的积极性。通过设立教学改革项目基金、举办教学改革研讨会等方式，激发教师的改革热情和创新精神。建立教学改革成果的评价与激励机制，对取得显著成效的改革项目进行表彰和奖励，以鼓励更多教师投身于教学改革实践。

第二，关于教学改革成果的应用与推广，应建立教学改革成果的展示与交流平台，如教学改革成果展、教学改革经验交流会等，促进优秀教学改革成果的分享与借鉴。加强与行业企业的合作与交流，推动教学改革成果的应用与转化，实现教学与产业的无缝对接。

第三，基于教学研究成果的发表与获奖情况，鼓励教师积极参与教学研究活动，撰写高质量的教学研究论文和著作，并在国内外学术期刊上发表。关注教学研究成果的获奖情况，对获得高级别奖项的成果给予表彰和奖励，以提高教师的教学研究水平和学术影响力。

第四，在教学改革对学生学习成效的积极影响方面，应通过问卷调查、访谈、测试等多种方式收集数据和信息，对教学改革的效果进行科学评估。重点关注学生在知识掌握、能力发展、综合素质提升等方面的变化与进步，以检验教学改革的有效性和可行性。根据评估结果及时调整和优化教学改革方案，确保教学改革始终沿着正确的方向前进。

第二节　高校教学评价模式的改革路径

一、高校教学评价模式的改革理念

（一）多元化评价理念

多元化评价理念的核心在于打破传统教学评价体系的局限性，该理念倡导从多维度、多视角出发，全面评估学生的学习成效与综合素质。通过多元化的评价方式，可以更加全面、客观地反映学生的真实水平和潜在能力。多元化评价理念的实践主要包括以下方面。

第一，构建多维度评价指标体系。高校应基于人才培养目标，构建包含知识掌握、技能操作、创新能力、团队协作能力、情感态度、价值观等多维度的评价指标体系。通过定量与定性相结合的方式，确保评价的全面性和准确性。

第二，引入多元化评价方法。除了传统的考试测验外，还应采用项目作业、口头报告、小组讨论、同伴评价、自我评价等多种评价方式，这些方法能够更好地反映学生在不同情境下的表现，有助于发现学生的优势和不足。

第三，利用信息技术手段。借助大数据、人工智能等现代信息技术手段，实现对学生学习过程的实时监测和数据分析，为多元化评价提供有力支持。例如，通过在线学习平台收集学生的学习行为数据，分析其学习习惯和成效，为个性化教学提供依据。

（二）全面性评价理念

全面性评价理念强调教学评价应覆盖学生的全部学习经历和成长过程，不仅关注学业成就，更重视非学术能力的培养，这一理念旨在促进学生综合素质的全面提升，为其未来的职业生涯和社会生活奠定坚实基础。通过全面性评价，高校能够更准确地把握学生的成长需求和发展方向，为人才培养提供更加精准的指导。全面性评价理念的实施策略主要包括以下方面。

第一，强化非学术能力培养。高校应在教学计划中明确非学术能力培养的目标和要求，通过课程设置、实践活动等方式加强对学生创新能力、团队协作能力、社会责任感等综合素质的培养。将这些非学术能力纳入评价体系，确保评价的全面性。

第二，实施综合素质评价。建立综合素质评价档案，记录学生在校期间的学习经历、社会实践、志愿服务、科研创新等方面的表现。通过定期评估和反馈机制，帮助学生认识自己的优势和不足，明确改进方向。

第三，促进家校社合作。加强与家庭、社会的联系与合作，共同参与学生的综合素质评价，全面了解学生的成长环境和外部表现，为全面性评价提供更加丰富的信息来源。

（三）发展性评价理念

发展性评价理念强调评价应服务于学生的成长与进步，以促进学生自我发展和潜能挖掘为目标，这一理念要求教学评价不仅要关注学生当前的学习状态和成效，更要关注其未来发展潜力和成长方向。通过发展性评价，可以激发学生的学习动力，帮助其明确成长目标，实现自我超越。发展性评价理念的实践策略主要包括以下方面。

第一，建立成长导向的评价体系。将评价重心从"选拔"转向"发展"，引导学生逐步达到更高水平，鼓励学生积极参与学习和实践活动。

第二，实施个性化评价方案。针对不同学生的特点和需求，制定个性化的评价方案。通过对学生学习风格、兴趣爱好、能力水平等方面的分析，为学生提供量身定制的评价反馈和发展建议，这有助于激发学生的内在动力，促进其个性化发展。

第三，加强评价与教学的融合。将评价融入教学过程之中，形成"教—学—评"一体化的教学模式。通过及时反馈和动态调整教学策略，确保教学目标的实现和学生学习成效的提升。鼓励学生参与评价过程，培养其自我反思和自我评价的能力。

二、高校教学评价模式的改革目标

高校教学评价模式的改革目标应构建一套集公正性与有效性于一体的综合评价体系，这一体系不仅是对传统评价模式的深刻反思与超越，更是对新时代教育理念的积极响应与实践探索。

（一）公正性的保障

1. 评价过程的透明度提升

公正性是高校教学评价体系的生命线，它要求评价过程必须公开透明，接受广泛监督。为此，高校应建立健全评价信息公开制度，明确评价目的、标准、程序及结果使用方式，确保所有参与者对评价过程有清晰的认识；鼓励师生参与评价标准的制定与修订过程，增强评价体系的民主性与包容性；通过建立独立的评价监督机构，对评价过程进行全程监控，及时发现并纠正可能的偏差与不公，维护评价的公正性。

2. 评价标准的客观性与统一性

高校应制定明确、具体、可量化的评价标准，减少评价过程中的主观判断与随意性，这些标准应基于教育目标、课程要求及学生实际情况，确保评价结果的客观性与可比性；注重评价标准在不同学科、专业及年级间的协调与统一,避免评价标准的碎片化与差异化导致的评价不公。

(二)有效性的实现

1. 提升评价结果的信度与效度

有效性是高校教学评价体系的最终追求,它要求评价结果必须真实可靠,能够准确反映学生的真实水平与发展状况。为此,高校需加强对评价工具的信度与效度检验,确保评价结果的稳定性与一致性;注重评价结果的深度解读与反馈,帮助学生明确自身优势与不足,为制订个性化学习计划提供依据。

2. 促进教学改进与学生发展

高校教学评价模式改革的最终目的是促进教学质量的提升与学生的全面发展。因此,评价体系应紧密围绕这一核心目标,将评价结果作为教学改进的重要依据,促进教师自我反思与教学方法的创新;通过实施基于评价结果的激励机制,激发教师的教学热情与责任感;鼓励学生将评价结果作为自我成长的动力源泉,积极参与到评价过程中来,实现自我认知、自我调整与自我超越。

三、高校教学评价模式的改革实践

(一)评价标准多元化

1. 引入多元化评价指标

(1)学术成绩与非学术成就并重。在保留传统学术成绩评价的基础上,现代教学评价体系应引入非学术成就评价指标,这些指标包括科研项目参与、社会实践、志愿服务、艺术体育特长等,以全面反映学生在不同领域的表现与能力。科研项目参与能够体现学生的创新能力与科研素养；社会实践和志愿服务可以展示学生的社会责任感和实践能力；而艺术体育特长则反映了学生的创造力与身体素质。通过这些多维度的评价，能够更全面地认识学生的综合素质。

（2）综合素质评价的细化。为了确保综合素质评价的全面性与深入性，必须对其进行细化分类。评价方式可以采用量表、观察记录、作品集等多种形式，确保评价的客观性与真实性。例如，领导力可以通过学生在团队项目中的表现进行评估；沟通能力可以通过演讲、报告等活动进行观察；团队协作能力则可通过小组合作项目的完成情况进行考察。通过这种细化分类，能够更清晰地了解学生的优势与不足，从而有针对性地进行指导与培养。

2. 动态调整评价标准

随着社会的发展与科技的进步，高校的教学评价标准必须具备灵活性与前瞻性，以适应不断变化的教育需求和社会环境。

（1）根据学科特点设置差异化标准。不同学科具有各自独特的知识体系与培养目标，因此教学评价标准应充分体现学科特色。理工科专业强调实验技能与创新能力，评价标准应侧重于实验设计、数据分析、创新思维等方面；在人文社科领域，批判性思维与人文素养是关键，评价应注重学生在理论分析、文化理解、价值判断等方面的表现。通过设置差异化的评价标准，能够更有效地反映学生在各自专业领域的学习成果与能力。

（2）适时更新评价内容以适应时代需求。随着新兴领域与交叉学科的不断涌现，教学评价内容也需及时更新，以涵盖新技术、新理论、新方法等。高校应密切关注社会的发展趋势，及时引入具有前瞻性的评价内容。例如，随着人工智能、大数据等技术的普及，相关课程的评价标准应加入对技术应用能力的考查。交叉学科的评价也应考虑学生在跨领域学习中的整合能力与创新能力。通过不断更新评价内容，可以确保评价的时代性与前瞻性。

（二）评价主体多元化

1. 强化教师评价的专业性

（1）提升教师教学评价能力。通过培训、研讨等方式，提升教师对教学评价理念、方法与技术的理解与掌握。教师需要具备系统的评价理论知识，掌握先进的评价技术，增强其在评价过程中的专业性与准确性。高校应组织定期的培训活动，邀请教育评价专家进行指导，提高教师的评价水平与能力。

（2）引入同行评审机制。同行评审制度是提升教学评价质量的重要手段，鼓励教师之间相互评价，促进学术对话与交流，推动教学方法的创新与改进。同行评审不仅能够为教师提供更多的反馈与建议，也有助于形成教学评价的学术共同体，提升整体教学质量。

2. 引入第三方评价机构

第三方评价机构具有独立性、专业性与公正性等特点，能够提供中立的评价结果。与内部评价相比，第三方评价更能避免偏见与主观影响，为教学质量的提升提供了可靠的数据支撑。第三方机构通常具备丰富的评价经验与资源，能够从更广泛的视角对教学进行评估。为了充分发挥第三方评价的优势，高校需要建立与第三方评价机构的合作机制。首先，明确评价目标与任务分工，确保评价工作的有序进行；其次，加强信息交流与资源共享，提高评价的效率与效果；最后，对第三方评价结果进行科学分析与合理运用，为教学改进提供有力支持。

（三）完善反馈机制

1. 建立即时反馈系统

现代信息技术的发展为即时反馈系统的建立提供了可能。通过信息化手段，可以实现评价数据的快速收集与处理，确保反馈信息的及时性与准确性。

（1）利用信息技术手段实现快速反馈。借助在线评价系统、智能反馈工具等现代信息技术手段，可以实现评价信息的即时传递与处理。高校应加强对信息技术的应用与开发，构建高效的评价反馈平台，确保教师与学生能够及时获取评价信息，为教学与学习的改进提供支持。

（2）确保反馈信息的准确性和有效性。为了确保反馈信息的准确性与有效性，必须建立严格的信息审核与校验机制。高校应制定详细的信息审核流程，对评价数据进行仔细校验，以保证反馈信息的真实性与可靠性。反馈内容应具有针对性与实用性，避免泛泛而谈或空洞无物的评价，确保反馈能够为教学改进提供实际指导。

2. 加强反馈内容的针对性与建设性

反馈的有效性不仅取决于信息的准确性，还在于其是否具有针对性与建设性。具体、可操作的反馈能够为教师与学生的改进提供明确方向。

（1）提供具体、可操作的改进建议。在反馈过程中，不仅要指出学生或教师存在的问题，更要提供具体、可操作的改进建议，这些建议应基于对学生或教师实际情况的深入了解，具有针对性和可操作性。通过详细的反馈内容，帮助学生或教师明确改进方向，制订切实可行的改进计划，从而有效提升教学质量与学习效果。

（2）鼓励学生积极回应反馈并制定改进计划。反馈不应仅仅停留在信息的传递上，更重要的是要激发学生的积极性，促使其主动回应反馈内容，并据此制定个人改进计划。高校可以通过组织反馈讨论会、提供个性化咨询等方式，帮助学生深入理解反馈意见，促进其自我反思与成长。

（四）配套措施与保障

1. 加强信息化教学评价平台建设

信息化是教学评价模式改革的重要支撑。高校应加大投入，加强信息化教学评价平台的建设与维护，这包括开发或引进先进的评价软件与工具，实现评价数据的自动化收集与处理；构建高效、稳定的数据存储与共享平台，确保评价信息的安全与可靠；加强平台的功能拓展与升级，满足不断变化的教学评价需求。

2. 形成重视教学评价的校园文化氛围

校园文化是教学评价模式改革的重要环境因素。高校应积极营造重视教学评价的校园文化氛围，让师生充分认识到教学评价对于提升教学质量、促进学生全面发展的重要意义，包括加强教学评价的宣传与推广工作，提高师生对教学评价的认识与认同度；组织丰富多彩的教学评价活动与交流研讨会，促进师生之间的沟通与互动；建立积极向上的教学评价文化体系，让教学评价成为推动学校发展的重要动力。

第三节　OBE 理念下高校教学督导评价改革与创新

OBE（Outcome Based Education），即成果导向教育，其核心在于以学生最终获得的学习成果为导向，进行课程设计和教学实施。OBE 理念强调，教育过程应聚焦于学生完成所有学习阶段后所能达到的实际能力，而非单纯的知识累积或平均成绩。在 OBE 理念下，学习成果被界定为学生经过内化过程后所具备的知识、技能及价值观的综合体现，它超越了简单的记忆与理解层面，更加注重学生将所学应用于实际情境的能力，这种成果导向的教学模式，要求学生不仅能够知道和理解学习内容，更要能够将其转化为解决实际问题的能力。

一、OBE 理念的核心要素

（一）成果导向

1. 清晰定义学习成果

OBE 理念的核心在于对学习成果的清晰定义，这一要素要求教育者在教学活动开始前，即明确界定学生在完成课程或学习项目后应达到的具体知识、技能和能力水平，这些学习成果应以可观察、可测量的方式表述，确保它们既符合教育目标，又能够与学生的未来职业发展和社会需求紧密对接。例如，在工程学教育中，学习成果可能包括解决复杂工程问题的能力、团队合作与沟通能力以及持续学习的能力。通过清晰定义学习成果，OBE 为教学活动提供了明确的方向和评价标准。

2. 学习成果与课程目标的一致性

OBE 理念强调学习成果与课程目标之间的高度一致性，这意味着课程设计、教学方法和评价方式都应紧密围绕学习成果展开，确保教学活动的每一个环节都能有效促进学生达成既定的学习目标。为了实现这一目标，教育者需要深入分析课程目标，将其细化为具体的学习成果，并通过设计相应的教学活动和评价机制来确保这些成果的实现。例如，在课程设计中，教育者可以采用反向设计的方法，从学习成果出发，逆向推导出所需的教学内容、教学方法和评估方式，以确保课程目标的全面实现。

（二）学生中心

在 OBE 理念下，学生被视为教学活动的中心，其主体地位得到了充分的确立，这一特点要求教育者在教学过程中关注学生的个体差异和学习需求，鼓励学生积极参与学习过程，发挥其主观能动性。为了实现这一目标，教育者需要采用多样化的教学方法和手段，如互动式教学法、项目式学习等，以激发学生的学习兴趣和动力。教育者还应注重培养学生的自主学习能力、批判性思维和创新能力，为其未来的职业发展奠定坚实的基础。OBE 理念强调个性化教学与评估的重要性，教师应注重过程性评价和反馈机制的建设，以便及时发现和解决学生在学习过程中遇到的问题。

（三）持续改进

OBE 理念强调持续改进的重要性。为了实现这一目标，教育者需要建立有效的反馈与改进机制，以便及时了解学生的学习情况和教学效果，并根据反馈结果进行教学调整和优化。例如，当发现学生在某个知识点上存在普遍困难时，教育者可以调整教学内容和方法，增加相关练习和辅导；当发现学生对某种教学方法不感兴趣时，教师可以尝试采用其他教学方法来激发学生的学习兴趣。通过动态调整教学策略，教育者可以不断提高教学效果和学生的学习满意度。

二、OBE 理念下高校教学督导评价的改革方向

（一）从教师中心到学生中心的转变

1. 督导评价视角的调整

在 OBE 理念下，高校教学督导评价需要从传统的教师中心视角向学生中心视角转变，这意味着督导评价应更加关注学生的学习效果和成长过程，而不仅仅是教师的教学表现。为了实现这一转变，督导评价机构需要调整评价标准和方法，将学生的学习成果和满意度作为评价的重要指标之一。督导评价人员还需要深入课堂和教学一线，了解学生的学习情况和需求，为教学改进提供有力支持。

2. 学生学习效果的重视

在 OBE 理念下，学生学习效果是衡量教学质量的重要标准之一。因此，高校教学督导评价应高度重视学生的学习效果评价，这要求督导评价机构建立科学、全面的学习效果评价体系，包括知识掌握程度、技能提升情况、能力发展水平等多个方面。督导评价人员还需要关注学生的学习过程和学习体验，了解学生在学习过程中遇到的问题和困难，并提出相应的改进建议。

（二）基于学习成果的督导评价标准构建

1. 学习成果的量化与细化

为了构建基于学习成果的督导评价标准，需要对学习成果进行量化和细化处理，这要求教育者将学习成果分解为具体的、可观察、可测量

的指标体系，以便进行客观评价。例如，在工程学教育中，可以将学习成果细化为解决复杂工程问题的能力、团队合作与沟通能力等多个方面，并制定相应的评价指标和评分标准。通过量化和细化学习成果，可以确保督导评价的准确性和客观性。

2. 评价标准与课程目标的对接

在构建基于学习成果的督导评价标准时，还需要确保评价标准与课程目标之间的紧密对接，这要求教育者深入分析课程目标和学习成果之间的关系，将课程目标转化为具体的评价标准，以确保督导评价能够全面、准确地反映学生在达成课程目标方面的表现。具体而言，评价标准应涵盖知识掌握、技能提升、能力发展等多个维度，并明确每个维度下的具体要求和评价标准。通过这种方式，督导评价能够直接对应到学生的学习成果上，为教育者提供明确的反馈和改进方向。

（三）动态化的督导评价模式

1. 评价方式的多样化

为了实现多元化评价，需要采用多样化的评价方式。除了传统的考试、作业等评价方式外，还可以引入项目评价、实践评价、口头报告等多种评价方式。项目评价能够考查学生的综合运用能力和团队协作能力；实践评价能够检验学生将理论知识应用于实际问题的能力；口头报告能够锻炼学生的表达能力和思维逻辑。通过多样化的评价方式，可以更加全面地评价学生的学习成果和综合素质。

2. 评价周期的灵活性

在 OBE 理念下，评价周期也应具备灵活性。传统的评价模式往往以学期或学年为单位进行，这种周期较长的评价方式难以及时反映学生的学习进展和教学效果。因此，需要建立更为灵活的评价周期机制，如采用形成性评价与总结性评价相结合的方式。形成性评价贯穿于整个教学过程之中，能够及时发现和解决学生在学习过程中遇到的问题；总结性评价则在教学结束后进行，以全面评估学生的学习成果和教学效果。通过灵活的评价周期机制，可以更加及时地调整教学策略和方法，提高教学效果和学生的学习满意度。

三、OBE 理念下高校教学督导评价的创新实践

（一）督导评价体系的重构

1. 顶层设计与具体实施方案的制定

在 OBE 理念下，重构督导评价体系时需要进行顶层设计以明确评价体系的总体框架和目标。顶层设计应涵盖评价理念、评价原则、评价内容、评价方法等多个方面，为具体实施提供指导。在顶层设计的基础上，需要制定具体的实施方案以明确评价流程、评价标准、评价工具等具体细节。实施方案应具有可操作性和可评估性以确保评价工作的顺利进行和有效实施。

2. 评价体系各要素的协同作用

督导评价体系是一个复杂的系统，包含多个要素如评价主体、评价内容、评价方法等，具体而言，需要建立有效的沟通机制，以确保评价主体之间的信息交流和反馈；需要制定科学的评价标准，以确保评价内容的全面性和客观性；需要选择合适的评价方法，以确保评价结果的准确性和可靠性。通过各要素的协同作用可以形成一个高效、科学的督导评价体系为教学改进提供有力支持。

（二）信息化手段在教学督导评价中的应用

1. 教学管理信息系统的建设

随着信息技术的快速发展，信息化手段在教学督导评价中的应用日益广泛。"OBE 理念下的教学督导评价也需要充分利用现代信息技术，建立科学的评价体系和评价模型，提高评价的科学性和精准度，为教学改革和发展提供有力支持。"[①] 为了实现高效、便捷的督导评价需要建设完善的教学管理信息系统，该系统应具备数据采集、存储、处理、分析等多种功能，能够实时记录学生的学习情况和教师的教学表现。通过教学管理信息系统，可以方便地获取评价所需的数据和信息，为评价工作提供有力支持。该系统还可以为教育者提供数据分析工具，帮助教育者深入了解学生的学习需求和教学效果，为教学改进提供科学依据。

2. 数据分析与反馈机制的优化

在信息化手段的支持下，需要对数据分析与反馈机制进行优化，以确保评价结果的及时性和有效性。具体而言，建立科学的数据分析模型和方法，以深入挖掘评价数据中的有用信息；建立快速响应的反馈机制，以确保评价结果能够及时反馈给教育者和学生；建立持续改进的循环机制，以根据评价结果不断调整和优化教学策略和方法。通过数据分析与反馈机制的优化，可以形成一个闭环的评价体系，为教学质量的持续提升提供有力保障。

[①] 谭晓兰.OBE 理念下高校教学督导评价改革与创新[J].创新创业理论研究与实践，2023，6（20）：145.

第四节　高校教师教学评价改革与创新路径

一、高校教师教学评价改革的路径探索

（一）评价标准的构建

1. 知识传授与能力培养并重

"如何推进高校教师教学评价改革，促使教师践行教书育人的根本使命，是推动新时代高等教育高质量发展的关键环节。"[1]在现代教育体系中，知识传授与能力培养已被视为高校教师教学的重要任务。评价标准需要反映这一双重使命，不仅关注教师在课堂上传授的学科知识，还应考察其在培养学生批判性思维、创新能力及综合素质方面的表现，这要求评价体系要能全面衡量教师在理论知识与实践能力之间的平衡，鼓励教师在教学中运用多样化的教学方法，提高学生的自主学习能力和实践动手能力。

2. 学生满意度与参与度

学生是教学活动的中心，其满意度与参与度是衡量教学效果的重要指标。评价标准应重视学生对教师教学的满意度调查，并将其作为教学质量评价的重要参考。学生的参与度也是教学评价的重要方面，积极参与课堂讨论和课外活动的学生往往能在教师的指导下取得更好的学术成

---

[1] 卫建国，汤秋丽. 新时代高校教师教学评价改革与创新论析[J]. 黑龙江高教研究，2023，41（2）：33.

绩。因此，教师在促进学生参与教学活动方面的努力和效果应成为评价标准的重要组成部分。

3. 科研成果与教学贡献相结合

高校教师的科研成果通常被视为其学术水平的体现，而教学贡献则是评价其教学质量的关键。评价标准应将科研成果与教学贡献结合起来，全面评估教师的整体表现。教师的科研成果可以丰富教学内容，提高教学的前沿性和深度，而教学贡献则体现在教师对学生的学术指导和培养方面。因此，评价体系应关注教师如何将科研成果转化为教学资源，并如何在教学过程中激发学生的科研兴趣和创新能力。

（二）评价过程的优化与透明化

1. 引入第三方评价机制

为了提高教学评价的客观性和公正性，引入第三方评价机制是一个有效的途径。第三方评价机构可以通过独立的视角和专业的方法对教师的教学质量进行评估，从而避免内部评价的偏差和利益冲突。第三方评价机制的引入不仅可以增强评价的权威性和可信度，还能为教师提供客观的反馈和改进建议。

2. 加强评价过程的沟通与指导

在教学评价过程中，高校应建立有效的沟通机制，使教师能够在评价过程中理解评价标准和要求，并积极参与到评价中去；通过培训和指导，帮助教师提高教学质量和评价能力。教师在教学实践中需要不断调整和改进，而有效的沟通与指导可以为他们提供必要的支持和动力。

3. 利用信息技术提升评价效率

信息技术的发展为教学评价过程的优化提供了新的可能性，高校可以利用大数据、云计算等技术手段提升教学评价的效率和精度。通过数据分析和处理，学校可以获得更为全面和准确的评价结果，进而为教师的教学改进提供数据支持。信息技术还可以实现评价结果的实时反馈，帮助教师及时调整教学策略。

（三）反馈机制的完善与应用

1. 建立及时、具体的反馈体系

高校应建立及时、具体的反馈体系，使教师能够在第一时间了解其教学表现的评价结果。反馈应当具体、明确，指出教师在教学中的优势和不足，并提出可行的改进建议。及时的反馈可以帮助教师在教学过程中不断调整和完善其教学策略，以更好地满足学生的学习需求。

2. 鼓励教师自我反思与改进

高校应鼓励教师在收到反馈后进行自我反思，深入分析自身教学中的优缺点，并积极寻求改进的措施。自我反思不仅可以提高教师的教学能力，还能增强其对教学工作的责任感和使命感。在自我反思过程中，教师可以通过与同事交流、参加专业发展活动等方式获取灵感和支持，从而实现教学质量的持续提升。

3. 促进评价结果的有效利用

高校应将评价结果与教师的职称评定、晋升、奖励等挂钩，以激励教师不断提高教学质量；将评价结果作为制定教师培训计划的重要依据，帮助教师有针对性地提高其专业能力和教学水平。通过科学合理地利用评价结果，高校可以推动教师的专业发展，并最终提升整个学校的教学质量和水平。

二、高校教师教学评价创新的具体策略

（一）引入学生中心的评价理念

1. 增强学生的主体地位

在现代教学理念中，学生被视为教学活动的中心。高校可以在教学评价中引入学生中心的理念，强调学生在评价过程中的主体地位，这不仅有助于提高学生的学习积极性和参与度，还能为教师提供更为真实和全面的教学反馈。学生中心的评价理念要求教师关注学生的学习体验和需求，并根据学生的反馈不断调整和改进教学策略。

2. 开展学生主导的教学评价活动

学生主导的教学评价活动是学生中心理念的具体体现。高校可以通过问卷调查、座谈会等形式，鼓励学生参与到教学评价中来，这些活动不仅能为教师提供宝贵的教学反馈，还能增强学生的责任感和参与感。通过学生主导的评价活动，教师可以获得更为直观的教学改进建议，而学生也可以在这一过程中提升其批判性思维和评价能力。

（二）利用大数据与人工智能技术

1. 数据驱动的个性化评价

大数据和人工智能技术的发展为教学评价的个性化提供了可能。通过分析大量的教学数据，高校可以为每位教师制定个性化的评价方案，这不仅可以提高评价的精准性，还能为教师的专业发展提供针对性的建议。个性化评价要求评价体系具备高度的灵活性和适应性，以便根据不同教师的特点和需求提供量身定制的评价方案。

2. 智能分析教学质量与效果

人工智能技术可以通过对教学数据的智能分析，评估教师的教学质量与效果，这种智能分析不仅可以提高评价的效率，还能揭示出传统评价方法难以发现的教学问题和趋势。通过智能分析，高校可以获得更为全面和深入的教学评价结果，为教师的教学改进提供科学依据。同时，智能分析还可以为学校的教育决策提供数据支持，促进教育质量的整体提升。

（三）构建教师提供专业成长资源与支持

教师的专业成长是提升教学质量的关键。高校应构建教师成长与发展平台，为教师提供丰富的专业成长资源和支持，这包括开展教学培训、学术交流、教学研讨等活动，帮助教师不断更新教学理念和方法。学校还应为教师提供必要的教学资源和工具，以支持其在教学中的创新和实践。

（四）加强校内外合作与交流

1. 借鉴国内外先进经验

在教学评价改革的过程中，借鉴国内外先进经验是重要的环节。高校应积极学习和借鉴国内外高校在教学评价方面的成功经验和做法，以提升自身的教学评价水平，这可以通过参加国际教育会议、与国外高校合作交流等方式实现。在借鉴先进经验的过程中，高校应结合自身的实际情况，灵活调整和优化教学评价体系，以更好地适应现代教育的发展需求。

2. 开展校际、国际的教学评价合作

高校之间的合作与交流可以促进教学评价的不断创新与完善。高校

应积极开展校际、国际的教学评价合作，通过与其他高校的合作交流，分享和学习先进的教学评价理念和方法，这不仅有助于提升自身的教学评价水平，还能为整个教育界的教学评价改革提供新思路和新方法。在合作交流的过程中，高校应注重多元文化的融合和创新，以推动教学评价的持续发展。

第四章 高校教学改革与传统文化的创新融合

第一节 高校教学改革的文化思考

一、文化视角下高校教学改革的目标与原则

（一）文化视角下高校教学改革的目标设定

在文化视角下，高校教学改革的目标应明确指向培养具有全球视野、文化自觉、创新能力及社会责任感的高素质人才。全球视野要求学生具备跨文化的理解和沟通能力，这不仅有助于他们在国际舞台上展示自我，更为全球化进程贡献智慧。文化自觉是指学生对自身文化的深刻认同与理解，这是实现文化自信的基础。通过对本土文化的学习和传承，学生能够更好地在多元文化环境中保持文化立场与个性。创新能力是现代社会对人才的重要要求，教学改革应通过课程设置和教学方法的创新，激发学生的创造性思维和解决问题的能力。社会责任感是高素质人才必备的品质之一，通过教育，学生应当认识到自身的社会角色与责任，积极投身于社会服务和公益事业，贡献自己的力量。

（二）文化视角下高校教学改革的基本原则

第一，以学生为中心。高校教学改革首先应当尊重学生的主体地位，关注个体差异，促进学生的全面发展。这意味着在教学设计和实施过程中，要以学生的需求和发展为出发点，提供多样化的学习资源和个性化的指导。通过建立灵活的课程体系和多元的评价方式，帮助学生发现自我、提升自我，从而实现全面发展。

第二，文化传承与创新并重。在传承中华优秀传统文化的基础上，鼓励学生创新思维与实践，是高校教学改革的重要原则之一。高校应当通过课程设置和活动安排，将传统文化精髓融入教学内容，同时鼓励学生进行文化创新实践。例如，通过开展传统文化节、文化沙龙等活动，使学生在感受文化魅力的同时，激发创新灵感，形成具有时代特色的文化作品。

第三，开放包容。构建开放的教学体系，吸纳国内外先进教育理念与方法，是高校教学改革的重要路径。开放包容的教育环境不仅能够为学生提供更为广阔的学习视野，也能为教学创新提供更多的可能性。通过与国际知名高校合作，邀请国外专家学者讲学，学生能够接触到最新的学术成果和教学方法，提升自身的学术水平和综合素质。

第四，可持续发展。注重教育资源的合理配置与长远规划，实现教育生态的良性循环，是高校教学改革的重要保障。可持续发展的原则要求高校在进行教学改革时，既要考虑当前的教学需求，也要关注未来的发展趋势。通过科学规划和合理配置教育资源，确保教学改革的顺利实施和持续推进，为学生提供长期的优质教育服务。

二、文化视角下高校教学改革的策略与实践

（一）文化视角下高校课程体系与教学内容改革

在文化视角下，高校课程体系与教学内容的改革显得尤为重要，这

不仅关乎知识的传授，还涉及学生综合素质的培养。改革的方向应当包括增设跨学科课程和引入文化元素，以适应时代的发展需求和培养学生的多元化能力。

第一，增设跨学科课程是文化视角下高校课程体系改革的重要措施之一。跨学科课程的设立，不仅能够打破学科间的界限，还能促进知识的融合与思维的拓展，从而提升学生的综合素质。现代社会的发展需要复合型人才，而跨学科课程正是培养这类人才的有效途径。例如，可以将文科与理科、艺术与科技相结合，开设如文化与科技、艺术与创新等跨学科的选修课程。这些课程不仅涵盖了多种学科的知识，还通过综合运用不同领域的理论和方法，帮助学生形成全面的知识体系。在具体实施中，可以设计一系列以跨学科为基础的项目或研究任务，鼓励学生在解决问题的过程中运用多学科的知识和技能。这种教学方法能够开阔学生的视野，培养其创新思维和解决复杂问题的能力。

第二，引入文化元素也是高校课程体系改革的重要方向。文化不仅是教育的重要内容，还能显著提升课程的吸引力和实用性。在教学内容中融入文化元素，能够丰富课程内容，增强学生的学习兴趣和理解力。具体而言，可以在课程中融入本土文化和世界文化的内容，通过案例分析、文化体验、专题讲座等多种形式，使学生在学习专业知识的同时，深刻理解和认同文化价值。例如，在语言课程中，可以增加对相关文化背景的介绍和讨论，使学生在语言学习的过程中，更好地理解和应用文化背景下的语言。这种方法不仅能够提高学生的语言能力，还能够加深其对文化的理解和认同。还可以在其他课程中引入文化元素，如历史课程中的文化遗产、经济课程中的文化产业等，使学生在各类课程中都能感受到文化的影响。引入文化元素不仅是对课程内容的丰富，更是一种教育理念的体现。通过文化元素的融入，课程内容可以更加贴近学生的实际生活和社会需求，提高教育的实际效用。这样不仅能够帮助学生更好地理解专业知识，还能够增强其对社会和文化的认知，提高其综合素质。例如，在社会学课程中，可以通过对不同文化背景下社会现象的比较研究，帮助学生理解社会发展的多样性和复杂性。在艺术课程中，可以通过对各种文化艺术形式的分析和创作，提升学生的审美能力和创造力。

（二）文化视角下高校教学环境与文化氛围营造

在文化视角下，高校的教学环境与文化氛围的营造是教育改革的重要组成部分。通过建设具有文化特色的校园环境和组织丰富多彩的文化活动，能够有效提升校园文化的氛围，促进学生的全面发展。

第一，建设具有文化特色的校园环境，是营造浓厚学术氛围的基础。校园环境不仅是学生学习和生活的重要场所，也扮演着文化传播和交流的关键角色。要实现这一目标，需要从多个方面进行努力。首先，在校园建筑设计上，应该注重体现文化特色。例如，可以根据学校的历史背景和文化传统，设计具有地方特色的建筑风格和校园景观，创造独特的文化符号。建筑物的外观、室内装饰以及公共空间的设计，都可以融入文化元素，形成具有独特文化氛围的校园环境。其次，校园内的文化景观布置也非常重要。通过设置具有文化象征意义的雕塑、墙面艺术和景观小品，使校园环境更具文化深度和内涵。这不仅能够美化校园，还能激发学生对文化的兴趣和热情。最后，校园环境的营造不仅限于物质环境的建设，还包括文化活动的策划和组织。通过策划具有文化特色的校园活动，如文化节、艺术展览、讲座和沙龙等，可以进一步增强校园的文化氛围。这些活动不仅能够丰富学生的校园生活，还能为学生提供展示自我和交流思想的平台。例如，定期举办的文化节可以展示不同文化的传统和艺术形式，让学生在参与中体验不同文化的魅力，增进对多元文化的理解和尊重。校园还可以设置专门的文化活动区域，如文化中心或展览馆，为各种文化活动提供场地和支持，鼓励学生积极参与文化交流。

第二，组织丰富多彩的文化活动是高校文化氛围营造的重要途径。文化活动不仅能够丰富学生的课外生活，还能够促进学生的文化交流与相互理解。通过举办各种文化活动，学生能够接触到不同文化的精髓，增强对多元文化的理解与尊重。例如，国际文化节是一个很好的平台，通过展示不同国家和民族的传统文化、音乐、舞蹈、美食等，让学生在参与中感受全球文化的多样性。这种活动不仅可以拓宽学生的视野，还能培养他们的跨文化交际能力。学校可以定期举办文化讲座、沙龙和艺术展览，邀请专家学者和文化名人来校分享他们的经验和见解，激发学生对文化的兴趣和探索欲望。在组织文化活动时，需要注重活动的多样性和包容性，确保能够满足不同学生的兴趣和需求。可以通过征集学生的意见和建议，了解他们对文化活动的期望，制订相应的活动计划。学校还可以通过建立学生文化组织或社团，鼓励学生自主策划和组织文化活动，增强学生的参与感和归属感。这不仅能够提升学生的组织能力和领导力，还能促进学生之间的互动和合作，形成积极向上的校园文化氛围。

（三）文化视角下高校教师队伍建设与能力提升

在文化视角下，高校教师队伍的建设与能力提升是教学改革的关键部分。教师不仅是教育的执行者，更是文化传播的重要载体。为适应时代的发展和教育的需求，高校需要从加强教师培训和鼓励教师参与教学改革研究两个方面入手，全面提升教师的文化素养与教学能力，从而推动高校教学改革的深入开展。

第一，加强教师培训是提升教师文化素养和跨文化教学能力的基础。教师是教学活动的主导者，其个人的文化素养和专业能力直接影响到教学效果和学生的学习体验。在全球化和信息化快速发展的背景下，高校教师必须不断更新知识，提升自己的综合能力。为此，定期组织教师参加国内外的培训和交流活动，是提高教师素养的有效途径。通过培训，教师可以学习到先进的教育理念和教学方法，掌握国际前沿的教学技术和策略，从而在课堂教学中运用新的理念和方法，提高教学质量。培训还可以帮助教师了解不同国家和地区的文化背景，提升其跨文化教学能力，使其能够更好地应对来自不同文化背景学生的需求。在教师培训的过程中，应特别重视文化素养的培养。文化素养不仅包括对自身文化的深入理解，还包括对其他文化的尊重与包容。教师需要具备广博的文化知识和敏锐的文化感知能力，才能在教学中有效地融入文化元素，激发学生的文化兴趣和认同感。培训可以通过讲座、研讨会和实际操作等多种形式进行，确保教师能够在多元文化环境中游刃有余。鼓励教师进行跨学科的研究与教学实践也是培训的重要内容之一。跨学科的研究可以帮助教师拓宽视野，探索新的教学模式和方法，促进教学改革的深入开展。例如，将文化研究与教学实践相结合，探索文化与专业课程的交叉融合，可以为学生提供更加丰富和多元的学习体验。

第二，鼓励教师参与教学改革研究是高校教学改革的重要策略。教师是教学改革的主要实施者和推动者，通过参与教学改革研究，教师可以结合自身的教学实践，探索和总结出一套适合本校实际的教学模式和方法。为此，高校应设立教学改革研究项目，提供必要的科研经费和政策支持，激发教师的创新热情和研究动力。教师在研究过程中，可以深入分析当前教学中存在的问题，借鉴国内外先进的教学经验和理论，提出针对性的解决方案，并在实际教学中进行应用和验证。这种实践与研究相结合的方式，能够有效推动教学改革的落实，形成教学改革的良性循环。在鼓励教师参与教学改革研究的过程中，高校还应注重建设支持性的环境和机制。首先，应建立健全的教学改革研究评价体系，对教师的研究成果进行科学评价，并给予相应的奖励和认可。其次，应鼓励教师之间的合作与交流，促进教学经验和研究成果的共享。通过组织教学研讨会、经验交流会等活动，教师可以相互学习，取长补短，共同推进教学改革的进程。高校还可以通过与企业、社会组织的合作，引入实际案例和实践项目，丰富教学改革研究的内容，提高研究的实用性和针对性。

总而言之，文化视角下的高校教学改革，既要注重文化的传承与创新，也要关注教学目标的设定和原则的把握。通过多措并举，从课程体系、教学内容、教学环境、文化氛围、教师队伍等多个方面入手，系统推进教学改革，培养具有全球视野、文化自觉、创新能力及社会责任感的高素质人才，为实现高校教育的可持续发展和人才培养的高质量目标提供有力保障。

第二节 传统文化对高校教学改革的意义

"中华传统文化是一个取之不尽、用之不竭的宝库，继承和弘扬优秀的传统文化，培养具有良好人文素质的各类高级专门人才，是高校义不容辞的责任。为实现好这一光荣的使命，传统文化教学改革还任重道远。"[①]

一、传统文化是高校教学改革思想资源

（一）传统文化对教育理念的启示

传统文化中的教育理念蕴含了丰富的智慧，对现代高校教育理念有深刻的启示和借鉴意义。例如，孔子的因材施教理念强调根据学生的不同特点和需求进行个性化教学，这与现代教育中的以学生为中心的教学理念不谋而合。在高等教育中，实施因材施教可以有效提升教学效果，

---

① 丛红艳. 高校教学改革与文化的融合创新研究 [M]. 长春：吉林出版集团股份有限公司，2018：145.

满足不同学生的学习需求和发展潜力。通过细化专业方向和提供多样化的课程选择，高校可以更好地帮助学生找到适合自己的学习路径，从而激发他们的学习兴趣和积极性。孔子的有教无类理念提倡教育公平，认为教育应该面向所有人，不分贵贱贫富。这一理念对当今高校教育中的公平性和普及性具有重要的借鉴意义。在实现教育公平的过程中，高校应关注弱势群体和特殊需求学生，提供必要的支持和帮助，确保每个学生都有平等的学习机会和发展空间。通过借鉴传统文化中的教育理念，高校可以不断完善和创新教育理念，提升教育质量，推动教育改革向纵深发展。

（二）传统文化对教学改革的引导作用

传统文化中蕴含着丰富的价值观念，如诚信、仁爱、责任等，这些价值观对高校教学改革具有重要的引导作用。在高校教育中，培养学生的道德品质和社会责任感是教育的重要目标之一。通过将传统文化中的价值观融入教学内容和教学活动，高校可以有效引导学生树立正确的价值观念，增强他们的道德素养和社会责任感。首先，诚信是传统文化中的核心价值观之一。在高校教育中，通过设置诚信教育课程和开展诚信主题活动，可以帮助学生认识诚信的重要性，培养他们的诚信意识和行为习惯。仁爱作为儒家思想的核心，强调人与人之间的关爱和互助。在教学过程中，教师可以通过案例教学和实践活动，引导学生体会仁爱的内涵，培养他们的同理心和合作精神。其次，责任感也是传统文化中重要的价值观。在高校教育中，通过开展志愿服务和社会实践活动，可以帮助学生认识到自己在社会中的责任和义务，增强他们的社会责任感和公民意识。通过对传统文化价值观的传承和弘扬，高校可以更好地实现教育目标，培养全面发展的高素质人才。

二、传统文化丰富高校教学内容与方法

（一）传统文化丰富教学内容的多元化

传统文化元素的融入可以大大丰富高校的课程体系，增强课程文化底蕴与吸引力。传统文化中包含了丰富的哲学思想、文学艺术、历史文化等内容，这些都是高校教学的重要资源。在课程设置中，可以将传统文化元素有机地融入各类学科中，如将儒家思想融入哲学课程，将古典文学融入文学课程，将历史文化融入历史课程等。通过这些方式，可以让学生在学习专业知识的同时，深入了解和体会中华文化的博大精深，提升他们的文化素养和审美能力。可以开设专门的传统文化课程，如中国古代文学、中国传统艺术、中国哲学等，让学生系统地学习和了解传统文化的各个方面。通过这些课程，学生不仅可以获得知识上的提升，还可以在文化认同和价值观念上得到熏陶和启迪。在跨学科课程中，可以通过多学科的视角，综合运用传统文化资源，设计出具有创新性和综合性的课程。例如，可以设计"传统文化与现代社会"的课程，探讨传统文化在现代社会中的作用和影响，通过案例分析和实践活动，帮助学生更好地理解和应用传统文化知识。

（二）传统文化促进教学方法的创新

利用传统文化资源进行教学方法的创新，可以有效提升学生的学习兴趣与参与度。传统文化中有丰富的教学资源，如古典诗词、传统艺术、历史故事等，这些都可以成为创新教学方法的素材。在教学过程中，可以通过诗词诵读、传统艺术欣赏、历史故事讲解等方式，让学生在体验和感受中学习知识，增强他们的学习兴趣和记忆效果。例如，在文学课程中，可以通过古典诗词的诵读和赏析，让学生体会诗词的韵律美和意境美，提升他们的文学素养和审美能力。在艺术课程中，可以通过传统艺术的欣赏和实践，如书法、绘画、戏曲等，让学生感受传统艺

术的魅力，培养他们的艺术兴趣和创作能力。在历史课程中，可以通过讲解历史故事和人物，让学生了解历史的演变和发展，增强他们的历史意识和社会责任感；利用现代科技手段，将传统文化与现代教学技术结合起来，如通过多媒体展示、虚拟现实体验等方式，增强教学的互动性和体验感，提升学生的学习效果。通过教学方法的创新，可以更好地激发学生的学习热情，提升教学质量和效果。

三、传统文化促进师生文化自觉与自信

（一）传统文化促进师生文化自觉的培养

传统文化的学习可以帮助师生增强对本土文化的认同与理解，培养文化自觉意识。文化自觉是指个体对自身文化的认识和反思，进而形成对文化的认同和自信。在全球化背景下，文化自觉显得尤为重要，因为它是抵御外来文化冲击、保持文化独立性的关键。在高校教育中，通过开设传统文化课程和开展文化活动，可以让师生深入了解和学习本土文化，增强他们对传统文化的认同和理解。例如，通过学习中国古代文学和历史，可以让学生了解中华文化的源远流长和博大精深，增强他们的文化自豪感和认同感。通过参与传统节日庆祝和传统艺术表演，可以让学生体验和感受传统文化的魅力，增强他们的文化归属感和参与感。通过文化交流和合作，可以促进不同文化之间的相互理解和尊重，增强师生的文化自觉意识。在国际交流中，通过介绍和展示中华文化，可以让更多的人了解和认识中华文化的独特性和价值，提升中华文化的国际影响力和认可度。

（二）传统文化推动师生文化自信的树立

文化自信是指对自身文化的自信和骄傲，是文化自觉的进一步发展和深化。传统文化是师生文化自信的重要支撑，因为它是中华民族智慧

的结晶和精神的象征。在全球化背景下，文化自信显得尤为重要，因为它是增强文化软实力、提升国家形象的关键。在高校教育中，通过系统学习和深入了解传统文化，可以帮助师生树立文化自信。通过学习传统文化中的哲学思想、文学艺术、历史文化等，可以让师生认识到中华文化的独特性和价值，增强他们对本土文化的自豪感和自信心。在国际交流中，通过介绍和展示中华文化，可以让师生更好地展示中华文化的魅力，增强他们的文化自信和交流能力。通过文化传承和创新，可以进一步增强师生的文化自信。在传承传统文化的基础上，通过创新和发展，使传统文化在现代社会中焕发新的生机和活力。例如，通过将传统文化元素融入现代艺术和设计中，可以创造出具有中国特色和时代特征的文化产品，提升文化的影响力和竞争力。通过这些方式，可以更好地树立和增强师生的文化自信。

四、传统文化助力高校国际化与特色化发展

（一）传统文化助力高校国际化

传统文化作为国际交流的共同语言，对促进高校与国际社会的交流与合作，提升高校的国际影响力具有重要作用。在全球化背景下，传统文化不仅是民族的象征，更是国际交流的重要媒介。高校在国际化进程中，通过传统文化的传播和交流，可以增强国际合作，提升自身的国际地位和影响力。传统文化作为一种共同语言，能够打破不同文化之间的隔阂，促进彼此的理解和尊重。在国际学术交流中，传统文化可以作为一个桥梁，使来自不同国家和地区的学者和学生能够在一个共同的文化背景下交流与合作。例如，中国的儒家文化、印度的佛教文化、希腊的哲学文化等，这些传统文化不仅在各自的国家和地区产生了深远影响，也在全球范围内具有广泛的认同度和接受度。通过传统文化的传播，高校可以在国际学术交流中找到更多的共同点，促进不同文化之间的对话

和理解，从而增强国际合作。

（二）传统文化助力高校特色化发展

传统文化作为高校特色化发展的重要基石，通过挖掘与传承传统文化，形成具有鲜明地域特色和文化底蕴的办学风格，是高校实现特色化发展的关键。在全球化和现代化的双重背景下，高校在追求国际化的同时，更需要重视自身的特色化发展，通过传统文化的传承和创新，形成独具特色的办学理念和模式，提升自身的竞争力和影响力。

第一，传统文化为高校特色化发展提供了丰富的资源。各地的传统文化具有独特的历史背景和文化内涵，是高校特色化发展的重要资源。通过挖掘和传承传统文化，高校可以形成独具特色的办学理念和模式。例如，中国的传统文化包括儒家思想、道家文化、中医药文化等，这些传统文化不仅具有深厚的历史积淀和丰富的文化内涵，还在现代社会中具有重要的现实意义。高校可以通过开设传统文化课程、开展传统文化研究、举办传统文化活动等方式，深入挖掘和传承传统文化，形成具有鲜明地域特色和文化底蕴的办学风格。

第二，传统文化的传承和创新是高校特色化发展的关键。传统文化不仅需要传承，更需要在传承的基础上进行创新，才能不断焕发新的活力和生机。在高校特色化发展中，传统文化的传承和创新是实现特色化发展的重要途径。例如，通过将传统文化与现代科技相结合，形成独具特色的教学和科研模式；通过将传统文化与现代管理相结合，形成独具特色的管理理念和模式；通过将传统文化与现代社会相结合，形成独具特色的社会服务模式。通过传承和创新传统文化，高校可以不断提升自身的竞争力和影响力，实现特色化发展。

第三，传统文化的传承和创新有助于提升高校的社会影响力。高校作为社会的重要组成部分，其发展不仅关系到自身的生存和发展，更关系到社会的进步和发展。通过传承和创新传统文化，高校可以在社会中发挥更加重要的作用，提升自身的社会影响力。例如，通过传统文化的传播和推广，高校可以向社会展示自身的文化底蕴和特色，增强社会对高校的认同感和支持度；通过传统文化的研究和应用，高校可以为社会提供更多的智力支持和服务，增强社会对高校的依赖度和信任度；通过传统文化的传承和创新，高校可以为社会培养更多具有传统文化素养和创新能力的人才，提升社会的整体文化水平和创新能力。通过提升社会影响力，高校可以实现更好的特色化发展。

第三节 "两创"下的高校传统文化类课程教学改革

"两创"是指对待中华优秀传统文化要处理好继承和创造性发展的关系，重点做好创造性转化和创新性发展。"两创"方针的提出，是弘扬中华优秀传统文化的根本路径，同时为高校传统文化类课程教学改革指明方向。

一、"两创"下高校传统文化类课程教学改革的意义

第一，"两创"政策确立了传统文化类课程改革的方向。传统文化类课程在高校教育体系中的地位长期未得到应有的重视，原因复杂而多样。随着国家"四个自信"战略的提出，高校纷纷设立传统文化类通识课程，以满足学生的选修需求。然而，尽管高校在不断推进教学改革，但传统文化类课程的改革依然面临诸多挑战。如何进行有效的改革，成为亟待解决的问题。在这一背景下，"两创"政策的提出为传统文化类课程的改革指明了方向。通过"两创"政策，高校可以明确传统文化类

◎ 教育重塑：高校教学改革及其创新实践

课程的改革路线，以便在教学内容和方法上进行相应的调整和创新。这不仅有助于提升课程的教育质量，也使其更好地适应时代的发展和学生的需求。

第二，"两创"政策明确了传统文化类课程的改革目标。在"两创"政策的指导下，高校传统文化类课程的改革目标可以归纳为两大方面。首先，课程内容的改革应着力于展示传统文化的优势特色，使学生能够深入理解传统文化的核心价值。教师应根据学生的学习情况，灵活调整教学内容，增强课程的趣味性和普及性。通过引入故事性元素，使课程更具吸引力，从而提高学生的学习兴趣。其次，传统文化类课程的授课方式需要从传统的课堂讲授模式逐渐转向实践导向的开发模式。课程不应仅限于课堂教学，而应积极参与文创产品的开发、旅游遗产地的开发、文化主题公园的建设以及影视产业的应用等方面。这种转变旨在通过创造性的开发使传统文化焕发新的生命力。同时，借助现代媒体技术和"互联网+"模式，可以进一步推动传统文化的创新性发展。利用大众传媒如广播、电视、电影等传统媒介，以及新媒体和直播平台，不仅能够宣传传统文化，还能促进文创产品的销售，从而使传统文化在现代社会中"火"起来。

第三，"两创"政策推动了传统文化类课程改革的步伐。高校教学改革一直是教育改革的重要组成部分。随着"两创"政策的实施，不仅明确了传统文化类课程改革的目标，也显著加快了改革的步伐。首先，明确的目标使高校在改革过程中具有了清晰的方向和计划，改变了过去在摸索中前行的局面，为高校的教育改革注入了新的活力和生命力。传统文化的转化和创新，成为时代发展的必然要求，高校的传统文化类课程教学改革也必须与社会经济的发展需求相适应。其次，高校教育改革虽已取得一定成果，但在传统文化类课程的改革中依然面临不少挑战，主要由于传统文化类课程在以往未得到足够重视，导致其改革进展缓慢。然而，"两创"政策的出台，使人们认识到，通过有效的转化和创新，传统文化类课程能够实现新的突破。因此，"两创"政策不仅推动了传统文化类课程的深入改革，还为高校教育改革提供了新的思路和动力。

二、"两创"下高校传统文化类课程教学改革的路径

在"两创"方针的指导下，高校传统文化类课程的教学改革得到了明确的方向。为推动这一改革的顺利推进，必须结合时代的发展步伐，转变传统教学理念，改进传统教学方法，创新教学内容，立足教学实践，逐步推动高校传统文化类课程的教学改革向前发展。

（一）有效利用传统文化来创新教学理念

高校在传统文化类课程的教学中，虽逐步加强了对传统文化的重视与引导，但长期以来，大学生普遍注重专业课程的学习，而忽视了对传统文化的学习。传统文化类课程通常被设定为通识选修课程，学生在学习过程中往往带有应付的态度。为解决这一问题，需从以下方面进行改进。

第一，提升学生认知，转变观念。传统文化类课程虽然不是专业课程，但却是为学生提供精神养料、提升民族精神、提高人文素养的重要源泉。因此，必须引导学生认识到，传统文化类课程在大学生全面发展中具有不可替代的作用。通过提升学生的认知水平，使其意识到传统文化的重要性，并积极参与到传统文化的学习中，能够有效地转变学生对传统文化类课程的态度，使其不再只是应付学分的选择，而成为学生全面素质培养的重要组成部分。

第二，打破学科限制，激发兴趣选择。大学生在学习中常存在误区，即认为自己所学的专业只能限制在相关领域内，而忽视了跨学科发展的潜力。事实上，很多学术巨擘都是在跨学科的探索中取得了卓越的

成就。高校应鼓励学生打破学科限制，根据自身兴趣选择发展方向，这不仅有助于激发学生的学习兴趣，也能够拓宽其学术视野。例如，清华大学的李学勤教授，虽然在读本科时学习的是机械专业，但他在史学界尤其是在先秦出土文献的研究上却取得了杰出的成绩。大学生应当在大学阶段依据个人兴趣做出选择，并为之努力，进而实现自身的全面发展。

第三，积极创造条件，鼓励全面发展。传统文化的传承和弘扬不仅仅局限于课堂教学内容的讲授，更应融入高校的校园文化建设之中。高校应积极创造各种条件，推动传统文化的全面发展。例如，通过设立路标、举办文化节、播放传统文化相关的视频以及在校园广播中宣传传统文化等方式，都可以有效地提升学生对传统文化的关注度。通过这些手段，可以在学生中掀起研究和学习传统文化的热潮，形成独具特色的校园文化氛围，从而推动传统文化在高校中的传播与弘扬。

（二）有效活化传统文化来创新教学方法

高校传统文化类课程的教学面临着诸多挑战，如传统教学方法往往未能充分激发学生的学习兴趣，导致课程效果不佳等。为了更好地传承和发扬传统文化，教师需要对传统文化类课程的教学方法进行有效创新，以适应学生的学习需求和兴趣。

第一，教学手段的多样。高校传统文化类课程的教学常采用单一的讲授方式，这种传统的"填鸭式"教学方法存在诸多不足。学生在这种教学模式下处于被动接受知识的状态，课堂氛围沉闷，师生互动性差。这种方法不仅容易使学生失去学习兴趣，还可能导致教学效果的显著下降。为了克服这些问题，教师应当引入多样化的教学手段，以提升课堂的互动性和学生的学习积极性。具体而言，教师可以采用分组讨论、角色扮演、田野调查、知识竞赛等方式来激发学生的学习热情。通过这些方式，学生不仅能够参与到课堂活动中，还能在互动中加深对传统文化的理解和掌握。利用现代信息技术手段，如微信群、腾讯QQ群、腾讯会议、雨课堂等平台，可以丰富教学内容，拓展文化知识的传播渠道。这些平台可以用来进行线上讨论、资源共享和课后补充，使学生能够从多个角度接触和学习传统文化，从而增强其对传统文化的整体理解。

第二，考核方式的变通化。高校传统文化类课程的考核方式通常包括随堂考试或小练笔，这种考核方式往往未能引起学生足够的重视。许多学生可能因课堂内容的枯燥而缺乏学习动力，导致考试时采取不正当手段来应付考试。这种情况不仅影响了教学效果，也对学生的学术诚信造成了影响。为了改进考核方式，教师可以考虑引入多样化的评估形式。例如，可以通过视频拍摄、剪辑制作短视频的方式，要求学生展示他们对传统文化的理解和创意；通过组织传统文化知识大赛、征文比赛和田野调查报告等活动，激发学生的参与热情和实际操作能力。这些创新的考核方式不仅能够提升学生的实践能力，还能激发他们对传统文化的探索兴趣。制作PPT、手工艺术品等考核方式也可以成为评价学生创意和动手能力的重要途径，从而促进学生全面发展。

第三，教学模式的丰富化。高校传统文化类课程在高校中通常作为公共选修课开设，面向来自不同学科的学生。在这种情况下，单一的教学模式可能无法满足所有学生的需求。因此，教师在授课时应考虑到学生专业背景的多样性，结合其所学专业，适当增加相关领域的传统文化知识，以帮助学生更好地理解传统文化的多样性和内涵。教师可以根据学生的专业背景，适当调整课程内容，如增加与学生专业相关的传统文化知识，帮助学生认识到各学科之间的联系。这种方法不仅可以提高学生对传统文化的兴趣，还能深化他们对本专业知识的理解。通过这种多层次的教学模式，学生能够在学习传统文化的同时，更好地结合自己的专业知识，从而实现知识的交融与创新。

（三）有效弘扬传统文化来创新教学内容

为了更好地传承和弘扬传统文化，教师需要在高校传统文化类课程内容的设置上进行有效创新，以提高学生的学习兴趣和课堂参与度。

第一，增强课程内容的趣味性。在传统文化类课程教学中，增强课程内容的趣味性是至关重要的。这要求教师在选择和设计课程内容时，应注重增加趣味性、故事性以及共鸣性。教师可以通过将传统文化的知识点转化为生动的故事情节，使学生在学习过程中能够产生兴趣和共鸣。例如，讲述某个历史事件或人物时，可以采用故事化的方式来呈现，将历史背景和事件的过程通过引人入胜的故事进行展示。这种方法不仅能够吸引学生的注意力，还能帮助他们更好地理解和记忆相关知识。教师还可以运用多媒体手段，如视频播放、角色扮演等，来增加课程的互动性和参与感，从而提升学生对课程的兴趣和投入度。通过这些方式，课程内容的趣味性、情境感和画面感将得到显著增强，学生不仅能够喜欢课堂，还能在思考和启发中有所收获。

第二，重视教学内容的通俗性。传统文化类课程通常面向全校学生，受众群体广泛，因此在课程内容的选择和加工上，教师应当重视内容的通俗性。这意味着教师在编排课程内容时，需要考虑到不同专业学生的背景和需求，确保课程内容具有普遍性和大众化。通过简化复杂的文化知识，使其更易于理解和接受，可以激发学生的学习热情和求知欲望。教师可以采取将深奥的文化理论转化为通俗易懂的语言和实例的方法，使学生能够轻松地掌握课程内容，并在学习过程中保持积极的态度。通俗易懂的教学内容不仅能够促进学生的学习，也有助于提高课堂的整体氛围，使每位学生都能从中受益。

第三，提升课程内容的层次感。在设置传统文化类课程的内容时，应当注意内容的层次感。这要求教师在设计课程时，从简到难地逐步展开，确保课程内容的复杂度适合学生的学习能力。初期阶段，课程内容应以基础知识为主，逐渐引导学生了解更深层次的文化内涵。通过这种渐进式的教学方法，学生可以在慢慢接受和消化的过程中，更好地掌握课程内容。课程内容的层次感也应与学生的专业背景和知识水平相匹配，以便学生能够在学习中逐步建立起对传统文化的全面认识。提升课程内容的层次感不仅有助于学生对知识的系统性理解，也能有效提升教学效果。

第四，注重教材建设的实用性。当前，传统文化类课程的教材建设往往未得到足够的重视，教师通常根据自身专业特长和学生的兴趣点自行设置授课内容。这种做法虽然有其灵活性，但可能会导致教材的统一性和系统性不足，从而影响教学效果。因此，高校的教务系统和任课教师应加强沟通和协调，共同编写适合本校学生的传统文化类课程教材。教材应具备实用性、通俗性和趣味性，以满足不同学生的需求和提高教学效果。通过科学合理的教材编写，可以为教师提供更加系统和有针对性的教学资源，也为学生的学习提供更为有效的指导。实用的教材不仅有助于教师的授课，还能帮助学生更好地理解和掌握传统文化知识，从而提高课堂的整体效果。

（四）立足教学实践与有效传承传统文化

在传统文化的高校教学中，如何有效传承和创新传统文化成为一个重要议题。仅靠理论教学不足以全面传承传统文化，教学实践与学生的实际参与是不可或缺的。为了在教学中实现传统文化的有效传承，必须重视学生实践活动的安排，注重实践技能的探索，并创新实践模式。以下是对如何通过教学实践有效传承传统文化的探讨。

第一，注重学生实践活动的安排。教学实践在传统文化教育中扮演着至关重要的角色。理论知识的传授虽为基础，但真正的文化体验和理解往往需要通过实践活动来实现。教师应当将学生的实践活动作为课程的重要组成部分，通过安排亲自动手操作和参观考察等形式，让学生直接接触和体验传统文化。实践活动不仅能够帮助学生更好地理解传统文化的内涵，还能激发他们对传统文化的兴趣和爱国情怀。通过实践，学生能够感受到传统文化的实际魅力,并在活动中培养对传统文化的深厚情感。这种实践与体验相结合的教学方式,有助于学生将传统文化知识与实际生活联系起来,从而提高他们对传统文化的认同感和参与感。

第二,注重学生实践技能的探索。传统文化类课程的教学不仅仅是知识的传授,更重要的是对学生实践技能的培养。高校应当在课程中强调动手操作能力和实践技能的训练。通过实践活动,学生可以培养细致的观察力和专注力,从而提升其成就感和学习兴趣。例如,通过实际操作,学生能够体验到传统工艺的制作过程,理解其中的技艺和文化价值。这种动手操作的学习方式,不仅能增强课程的趣味性,还能让学生在实践中发现和解决问题,提升其综合能力。实践技能的探索能够帮助学生将课堂所学知识应用于实际,从而更深刻地理解和掌握传统文化的核心要素。

第三,创新学生实践模式。在传统文化教育中,创新实践模式是实现传统文化传承和发展的重要途径。教师应当设计多样化的实践活动,以促进学生对传统文化的深入了解和创造性转化。这些实践模式可以包括实地考察、使用新媒体制作文化相关的情景剧或短视频、开展角色扮演、有奖征文、知识竞赛等。通过这些创新的实践活动,学生能够在参与中更深入地了解传统文化的历史背景和实际应用,同时也能激发他们对传统文化的探索欲望。这种创新性实践模式不仅能够增强学生的文化体验,还能够推动传统文化的创造性发展,使其更好地融入现代社会。

第四节 传统茶文化与高校教学改革思维的创新融合

茶文化作为中国传统文化的重要组成部分,其精神内涵丰富而深远。茶之为物，生于青山绿水之间，汲取天地之精华，历经采摘、炒制、冲泡等多道工序，方能展现出其独特的韵味。这一过程不仅是茶的自然转化，更是人与自然和谐共生的体现。品茗之时，人们追求的不仅是茶的色香味形，更是一种心灵的宁静与超脱，一种生活的艺术与境界。将茶文化的精神内涵引入高校教学，不仅能够丰富教育内容，提升学生的文化素养，更重要的是能够培养学生的审美情趣、人文关怀以及创新思维。茶文化中蕴含的尊重自然、追求和谐、注重细节等理念，与当前高校提倡的全面发展教育、生态文明建设以及工匠精神培养不谋而合，为教学改革提供了新的思路与资源。

面对全球化、信息化的时代挑战，高校教学改革势在必行。传统教学已难以满足社会对多元化、创新型人才的需求，学生主体性的发挥、实践能力的培养、跨学科知识的融合成为改革的重点。在此背景下，探索新的教学理念与方法，促进教学内容与时代发展的紧密结合，成为高校教育改革的重要任务。创新融合传统茶文化，正是高校教学改革的一条可行路径。"传统茶文化内涵深厚，与高校教学改革思维理念的融入创新有重大的实践性意义。"[1]茶文化的体验性、实践性特点，可以为理论教学提供生动的实践案例，增强学生的直观感受与理解深度。同时，茶文化中的礼仪规范、审美情趣等，可以作为人文素养教育的重要内容，提升学生的综合素质。更重要的是，茶文化所蕴含的创新思维与工匠精神，能够激发学生的创造力，培养他们在专业领域内的深耕细作与不懈追求。

要实现传统茶文化与高校教学改革思维的创新融合，需从课程设计、教学方法、校园文化等多个层面入手，构建全方位、多层次的融合体系。首先，课程设计与内容创新。开发以茶文化为主题的通识课程，如"中国茶文化概论""茶与文学艺术"等，将茶文化的历史、哲学、

---

[1] 李洁. 传统茶文化与高校教学改革的思维与理念的融合与创新 [J]. 福建茶叶, 2018, 40（12）：218.

美学等知识融入其中，增强学生的文化底蕴。鼓励专业教师结合学科特点，挖掘茶文化与专业知识的结合点，如在化学课程中探讨茶叶的成分与功效，在历史课程中讲述茶马古道的故事等，实现跨学科的知识融合。其次，教学方法与模式创新。采用体验式、探究式等教学方法，组织学生参观茶园、茶厂，亲身体验茶叶的种植、加工过程，增强学习实践性与趣味性。利用现代信息技术，如虚拟现实、在线课程等，打破时空限制，让学生随时随地都能感受到茶文化的魅力。通过举办茶艺比赛、茶文化讲座等活动，激发学生的参与热情，提升他们的实践能力与团队协作能力。最后，校园文化与氛围营造。将茶文化元素融入校园环境的布置中，如设置茶艺角、茶文化长廊等，营造浓厚的茶文化氛围。鼓励学生社团开展茶文化相关的研究与交流活动，如成立茶艺社、举办茶文化节等，让学生在实践中学习，在学习中成长。邀请茶文化专家、非物质文化遗产传承人进校讲座，增强师生对茶文化的认知与认同。

尽管传统茶文化与高校教学改革思维的融合具有诸多优势，但在实际操作过程中仍面临不少挑战。如茶文化教育资源的不均衡分布、教师专业知识的局限性、学生兴趣与参与度的差异等。因此，需要高校、政府、社会多方共同努力，加大对茶文化教育的投入，提升教师的专业素养，同时注重因材施教，激发学生的内在动力。展望未来，传统茶文化与高校教学改革思维的创新融合，不仅能为高等教育带来新的活力，还能在传承与弘扬中华优秀传统文化的道路上迈出坚实的一步。

第五章　互联网时代高校教学管理模式改革及其创新应用

第一节　互联网时代高校教学管理模式改革的理念

一、融入开放性的教学管理理念

随着互联网的迅速发展，高校作为社会知识创新与传播的重要基地，其教学管理模式正面临着前所未有的挑战与机遇。融入开放性的教学管理理念，不仅是对传统教学管理模式的革新，更是适应互联网时代发展需求的必然选择。互联网时代高校融入开放性的教学管理理念主要体现在以下方面。

（一）建立优秀的管理团队与制度

在互联网时代，高校教学管理团队的建设与制度的完善是融入开放性教学理念的基础。一个具有前瞻性、创新性和执行力的管理团队，能够确保开放性教学理念在高校中的有效实施。首先，管理团队应具备互联网思维，深刻理解互联网时代对教育的影响和变革。他们应关注教育技术的最新发展，如在线教育、混合式教学、大数据分析等，并积极探索这些技术在教学管理中的应用。管理团队还应具备跨学科的视野，能够打破传统学科界限，促进不同学科之间的交流与融合。其次，高校应建立一套完善的教学管理制度，以支持开放性教学理念的实践。这包括灵活的课程设置制度，允许教师和学生根据教学需求和个人兴趣进行课程选择和调整；公正的评价体系，注重过程评价和多元评价，鼓励学生参与和创新；以及有效的激励机制，鼓励教师和学生积极参与教学改革和科研创新。最后，高校应加强与外部机构的合作与交流，如与企业、研究所、其他高校等建立合作关系，共同推动教学管理创新。通过合作，高校可以引进外部优质资源，提升教学管理水平，同时也可以将自身的优秀教学成果和经验分享出去，实现互利共赢。

（二）注重培养优秀的学生干部队伍

学生干部队伍是高校教学管理的重要力量，他们既是教学管理的参与者，也是教学改革的推动者。在互联网时代，注重学生干部队伍的培养，对于推动开放性教学管理的实践具有重要意义。首先，学生干部应成为开放性教学理念的传播者和实践者。他们应通过自身的言语和行动，向周围的同学传递开放性、创新性、包容性的教学理念，鼓励大家积极参与教学改革和科研活动。学生干部还应积极参与教学管理工作，如参与课程评价、教学反馈、学生活动组织等，为教学管理提供有益的建议和意见。其次，高校应为学生干部提供充分的培训和发展机会。这包括定期的干部培训、领导力提升课程、实践教学机会等。通过这些培训和实践，学生干部可以提升自身的综合素质和管理能力，更好地服务于教学管理工作。最后，高校应建立有效的激励机制，鼓励学生干部积极参与教学管理改革。这可以包括设立专项奖励、提供实践机会、推荐优秀干部参与更高层次的学习和交流等。通过这些激励措施，可以进一步激发学生干部的积极性和创造力，推动开放性教学管理的实践。

（三）加强校园文化氛围与引导学生发展

校园文化氛围是教学管理的重要背景和环境，它直接影响着师生的教学行为和态度。在互联网时代，加强校园文化氛围的营造和引导学生发展，对于推动开放性教学管理具有重要意义。首先，高校应积极营造开放、包容、创新的校园文化氛围。这可以通过举办各种学术讲座、研讨会、创新大赛等活动来实现。这些活动不仅可以拓宽师生的学术视野，还可以激发他们的创新思维和求知欲。高校还应注重培养学生的批判性思维和独立思考能力，鼓励他们敢于质疑、勇于探索。其次，高校应关注学生的全面发展，注重培养他们的综合素质和实践能力。这可以通过设置丰富多样的课程、提供实践机会、加强校企合作等方式来实现。通过这些措施，学生可以更好地将理论知识与实践相结合，提升自身的综合素质和竞争力。最后，高校应注重引导学生的价值观念和道德品质发展。在互联网时代，信息爆炸、价值多元，高校应引导学生树立正确的价值观念和道德标准，培养他们成为具有社会责任感、有担当的新时代人才。这可以通过开展思想道德教育、志愿服务活动、社会实践等方式来实现。

二、坚持以人为本的教学管理理念

在互联网时代背景下，高校作为知识传播与创新的前沿阵地，其教学管理模式正经历着前所未有的变革。在这场变革中，坚持以人为本的教学管理理念显得尤为重要。以人为本，即以学生的全面发展为中心，关注学生的个性化需求，尊重学生的主体地位，激发学生的潜能与创造力。

（一）以人为本的教学管理的必然性

互联网时代的到来，使得信息传播的速度和广度达到了前所未有的水平。学生获取知识的渠道更加多元，他们的思想观念、价值取向也更加多样化。在这样的背景下，传统的高校教学管理模式，那种以规章制度为中心、以教师为主导的管理模式，已经无法满足学生日益增长的个性化需求。因此，坚持以人为本的教学管理理念，关注学生的全面发展，是互联网时代高校教学管理模式改革的必然趋势。教育的本质在于培养人，促进人的全面发展，然而在传统的高校教学管理模式下，学生的主体地位往往被忽视，他们的个性化需求无法得到满足。这种管理模式背离了教育的本质，不利于学生的成长与发展。因此，坚持以人为本的教学管理理念，关注学生的个性化需求，尊重学生的主体地位，是教育本质的回归，也是高校教学管理模式改革的必然要求。互联网时代是一个创新的时代，创新人才的培养成为高校的重要使命。因此，坚持以人为本的教学管理理念，关注学生的创新精神与实践能力的培养，激发学生的潜能与创造力，是创新人才培养的必然要求，也是高校教学管理模式改革的重要方向。随着社会的发展，对人才的需求也在不断变化。传统的高校教学管理模式所培养的人才往往无法适应社会的快速发展和变化。因此，坚持以人为本的教学管理理念，关注学生的综合素质与能力的培养，使学生具备适应社会发展的多元化能力，是社会发展的必然要求，也是高校教学管理模式改革的重要目标。

（二）构建以人为本的学生管理模式

在互联网时代，高校教学管理模式的改革需要更加注重学生的主体地位，构建以人为本的学生管理模式。这一模式的构建需要从多个方面入手，包括加深对学生的本质认识、营造以人为本的校园文化环境以及构建以学生为中心的管理模式，实现学生自我管理。

第一，加深对学生的本质认识。学生作为高校的主体，其本质需求与发展规律是高校教学管理模式改革的重要依据。在互联网时代背景下，学生的需求更加多元化，他们不仅追求知识的获取，更注重个性的

第五章 互联网时代高校教学管理模式改革及其创新应用

发展与能力的培养。因此，高校需要加深对学生的本质认识，了解学生的需求与期望，以更加科学、合理的方式制定教学管理策略。为了加深对学生的本质认识，高校可以采取多种措施。首先，建立学生信息数据库，收集学生的基本信息、学习状况、兴趣爱好等多方面的数据，以便更全面地了解学生的需求与特点。其次，开展学生需求调查，通过问卷调查、座谈会等方式，直接听取学生的意见与建议，以更加准确地把握学生的需求与期望。最后，加强与学生家长的沟通与合作，了解学生的家庭背景与成长经历，以便更好地指导学生的成长与发展。

第二，营造以人为本的校园文化环境。校园文化环境是影响学生成长与发展的重要因素。在互联网时代背景下，高校需要营造以人为本的校园文化环境，关注学生的情感需求与心理健康，以更加温馨、和谐的方式促进学生的成长与发展。营造以人为本的校园文化环境需要从多个方面入手：首先，加强校园文化建设，注重培养学生的文化素养与人文精神。通过开展丰富多彩的文化活动、举办文化讲座等方式，提高学生的文化修养与审美情趣。其次，关注学生的心理健康，建立心理健康教育体系。通过开设心理健康课程、设立心理咨询中心等方式，为学生提供心理支持与帮助，促进学生的心理健康发展。最后，加强校园安全管理，保障学生的生命财产安全。通过完善校园安全制度、加强校园巡逻等方式，确保校园的安全与稳定，为学生的成长与发展提供有力的保障。

第三，构建以学生为中心的管理模式，实现学生自我管理。以学生为中心的管理模式是构建以人为本的学生管理模式的核心所在。在互联网时代背景下，高校需要更加注重学生的主体地位，引导学生积极参与到教学管理中来，实现学生的自我管理与发展。构建以学生为中心的管理模式需要从多个方面入手：首先，改革传统的教学管理方式，引入学生参与到教学管理中来。通过建立学生代表大会、学生委员会等组织，让学生参与到教学计划的制定、课程设置的调整等教学管理中来，提高学生的参与度与话语权。其次,加强学生的自我管理能力培养。通过开展自我管理课程、设立自我管理实践项目等方式,引导学生学会自我管理、自我约束,培养学生的自律意识与责任感。最后,建立有效的反馈机制,及时听取学生的意见与建议。通过建立学生反馈渠道、定期召开学生座谈会等方式,及时了解学生对教学管理的看法与建议,以便更加科学地调整教学管理策略。

(三)提高学生管理人员的综合素质

在互联网时代背景下,高校教学管理模式的改革对学生管理人员的综合素质提出了更高的要求。为了更好地服务学生、促进学生全面发展,必须采取有效措施提高学生管理人员的综合素质。

第一,构建高素质学生工作队伍。学生工作队伍是高校教学管理的重要力量,其素质的高低直接影响到教学管理的质量和效果。因此,构建高素质的学生工作队伍是提高学生管理人员综合素质的首要任务。为了实现这一目标,高校应该注重选拔具有专业知识、丰富经验和良好职业素养的人才充实到学生工作队伍中来;加强对现有学生工作人员的培训和培养,提高他们的专业素养和管理能力;建立健全的激励机制和考核机制,以激发学生工作人员的积极性和创造力,推动他们不断提升自身的综合素质。在具体实施过程中,高校可以通过举办专业培训、邀请专家学者举办讲座、组织经验交流会等方式,为学生提供多样化的学习和发展机会;建立学生工作人员的成长档案,记录他们的成长轨迹和业绩成果,作为评选优秀、晋升职务的重要依据。通过这些措施的实施,可以逐步构建起一支高素质、专业化、富有活力的学生工作队伍。

第二,学生工作者自身修养与创新管理。作为学生工作的主体,学生工作者自身的修养和管理能力对于提高学生管理人员的综合素质具有至关重要的作用。在互联网时代背景下,学生工作者需要不断提升自身的专业素养和管理能力,以适应新时代的要求和挑战。首先,学生工作

第五章 互联网时代高校教学管理模式改革及其创新应用

者应注重提升自身的专业素养。这包括掌握教育学、心理学、社会学等相关学科的理论知识，了解高校教学管理的规律和特点，以及掌握现代化的管理方法和技能。通过不断学习和实践，学生工作者可以逐步提升自己的专业素养和管理能力，更好地服务于学生的成长和发展。其次，学生工作者应注重创新管理。在互联网时代背景下，传统的教学管理模式已经无法满足学生的需求和期望。因此，学生工作者需要积极探索新的教学管理模式和方法，以更加科学、合理的方式促进学生的全面发展。例如，可以利用互联网和信息技术手段，建立线上教学管理平台，实现教学资源的共享和优化配置；引入项目管理等现代化的管理方法，提高教学管理的效率和质量。

第三，创造性管理与服务学生。创造性管理与服务学生是提高学生管理人员综合素质的重要体现。在互联网时代背景下，学生面临着更加多元化和个性化的需求。因此，学生管理人员需要具备创造性的思维和管理能力，以满足学生的不同需求。为了实现创造性管理与服务学生，学生管理人员需要注重与学生的沟通和交流。通过深入了解学生的需求和期望，学生管理人员可以更加准确地把握学生的特点和问题所在，从而制定出更加符合学生实际的教学管理策略和服务方案。例如，可以建立学生信息反馈机制，及时收集和处理学生对教学管理的意见和建议；开展定期的学生满意度调查，以评估教学管理服务的质量和效果。学生管理人员还应注重创新服务方式和方法。例如，可以利用互联网技术手段，建立线上服务平台，提供便捷的教学管理服务；引入社会化的服务资源，如心理咨询、职业规划等，以丰富服务内容和形式。通过这些措施的实施，学生管理人员可以更好地满足学生的多元化和个性化需求，促进学生的全面发展。

第四，适应新时代的管理模式。适应新时代的管理模式是提高学生管理人员综合素质的必然要求。在互联网时代背景下，高校教学管理模式正经历着深刻的变革。为了更好地服务学生、促进学生全面发展，学生管理人员需要积极适应新时代的管理模式，不断提升自身的综合素质和管理能力。为了适应新时代的管理模式，学生管理人员需要注重学习和实践。通过不断学习和掌握新的教学管理理念和方法，学生管理人员可以逐步提升自己的专业素养和管理能力；通过实践探索和总结经验教训，学生管理人员可以不断完善自己的管理策略和服务方案。例如，可以积极参与高校教学管理改革的实践活动，了解改革的方向和目标；与其他高校进行教学管理经验的交流和分享，以拓宽自己的视野和思路。学生管理人员还应注重团队合作和协同创新。在互联网时代背景下，团队合作和协同创新已经成为推动高校教学管理改革的重要力量。因此，学生管理人员需要积极与其他部门和人员进行合作与交流，共同探索新的教学管理模式和方法注重激发学生的创新精神和实践能力，引导他们积极参与到教学管理改革中来。通过这些措施的实施，学生管理人员可以更好地适应新时代的管理模式，推动高校教学管理改革的深入发展。

三、提高教育服务意识的教学管理理念

（一）教育服务意识为改革高校学生管理提供内部驱动力

在互联网时代，高校教学管理的改革需要强大的内部驱动力，而教育服务意识的提升正是这一驱动力的源泉。传统的高校学生管理模式往往侧重于规章制度的执行与维护，而在一定程度上忽视了对学生个体需求的关注与服务。在互联网时代，信息的快速传播与获取使得学生能够更加便捷地接触到多样化的知识与观念，他们的个性化需求也日益凸显。因此，高校学生管理需要转变传统的管理理念，将教育服务意识融入其中，以更好地满足学生的个性化需求，推动教学管理的改革。

首先，教育服务意识的提升要求高校学生管理者转变角色定位，从传统的"管理者"转变为"服务者"。这意味着他们需要更加关注学生

的个体差异与需求,积极倾听学生的声音,了解他们的困惑与期望,并据此提供有针对性的服务与支持。高校学生管理者还需要注重培养学生的自我管理能力,引导他们积极参与教学管理活动,共同推动教学管理的改革与发展。其次,教育服务意识的提升需要高校学生管理者注重提升自身的专业素养与服务能力。他们需要不断学习新的教育管理理念与方法,掌握互联网时代的信息技术工具,以更加高效、便捷地为学生提供服务。例如,利用大数据分析技术,对学生的学习行为、成绩表现等数据进行深入挖掘与分析,以发现教学管理中存在的问题与不足,并提出相应的改进措施。高校学生管理者还需要注重与教师的沟通与合作,共同探讨如何更好地满足学生的需求,提升教学质量与效果。

(二)教育服务意识为引导高校学生管理提出新的目标

在互联网时代,高校教学管理的改革需要明确的目标来引领方向,而教育服务意识的提升则为这一目标的设定提供了重要的依据。传统的高校学生管理往往以维护秩序、保证教学质量为主要目标,而在互联网时代背景下,这些目标已经无法满足学生日益增长的个性化需求与多元化发展。因此,高校学生管理需要树立新的目标,将教育服务意识融入其中,以更好地引导学生成长与发展。

教育服务意识为引导高校学生管理提出的新目标主要包括以下方面:一是关注学生的全面发展。高校学生管理不仅需要关注学生的学业成绩,还需要关注他们的身心健康、社交能力、创新精神等多方面的发展。例如,通过建立心理健康教育体系、开展丰富多彩的社团活动、提供创新创业指导等措施,帮助学生全面提升自身素质与能力。二是注重培养学生的实践能力与创新能力。在互联网时代背景下,实践能力与创新能力成为衡量学生综合素质的重要标准。因此,高校学生管理需要注重实践教学环节的安排与实施,鼓励学生积极参与科研项目、社会实践等活动,以提升他们的实践能力与创新能力。三是关注学生的个性化需求与差异化发展。每个学生都有其独特的兴趣爱好与发展潜力，高校学生管理需要尊重并关注这些差异，为学生提供个性化的指导与支持。例如，通过建立个性化教学计划、提供定制化学习资源等措施，满足学生的个性化需求与差异化发展。

（三）教育服务意识为高校学生管理创造新型师生关系

在互联网时代，高校教学管理的改革不仅涉及管理理念的更新与管理目标的调整，更需要关注师生关系的重塑。传统的师生关系往往侧重于教师的权威地位与学生的服从角色，而在互联网时代背景下，这种关系已经无法满足教学管理的需求。因此，提高教育服务意识，为高校学生管理创造新型师生关系成为改革的重要方向。教育服务意识为高校学生管理创造的新型师生关系主要体现在以下几个方面：一是尊重与平等。在互联网时代背景下，学生获取信息的渠道更加多元，他们的知识与观念也更加丰富。因此，教师需要尊重学生的个性与差异，以平等的态度与学生进行交流与互动。这意味着教师需要放下传统的权威地位，倾听学生的声音，理解他们的需求与期望，并据此调整教学策略与管理方法。二是合作与共赢。在新型师生关系中，教师不再是知识的唯一来源，而是学生学习的引导者与合作伙伴。教师需要与学生共同探索知识、解决问题，实现教学相长与共赢发展。例如，通过组织小组讨论、项目合作等活动，促进师生之间的合作与交流，共同提升教学质量与效果。三是服务与支持。在新型师生关系中，教师需要更加注重为学生提供优质的服务与支持。这意味着教师需要关注学生的学习进展与困难，提供有针对性的指导与帮助。教师还需要注重培养学生的自主学习能力与创新精神，引导他们积极探索未知领域，实现自我超越与发展。

第二节 互联网时代高校教学管理模式改革的目标

在信息技术日新月异的今天，互联网技术对教育系统的影响越来越深远。高校作为知识传递和人才培养的核心机构，面临着前所未有的挑战与机遇。互联网时代对高校教学管理模式的改革不仅仅是技术层面的调整，更是教育理念与目标的深刻变革。

一、教育的个人担当——回归到人的本真存在

教育的核心在于人的全面自由发展和个体的自我完善，互联网时代的到来带来了知识的爆炸性增长和信息传播的便利，但也伴随着教育目标的偏离。在追求效率和经济利益的过程中，教育往往被异化为一种"利"和"效"的工具，忽视了人的本真存在和全面发展。因此，回归到教育的本质，关注人的价值和尊严，成为互联网时代教育改革的核心任务。教育不仅是知识的传授，更是思想的传播和创造。人的全面发展需要理性和非理性因素的共同支持。理性因素包括逻辑思维、分析能力和科学知识，而非理性因素则涵盖了情感、直觉和创造力。互联网时代，教育应更加注重激发学生的创造力和情感智力，促进理性与非理性因素的协同发展，从而实现真正的全面自由发展。教育应当关注人的内在本质，通过知识的传递和思想的交流，唤醒人的内在潜力。互联网技术可以提供丰富的学习资源和交流平台，但真正的教育是心灵对心灵的影响过程，是生命对生命的触动。高校应通过课程设计和教学方法的创新，关注学生的心灵成长和内在发展，使教育不仅是技能的培养，更是灵魂的塑造。

二、承担引领社会创新发展的使命

教育作为最强大的社会变革力量，肩负着培养和选拔社会发展所需人才的重任。在信息化和智能化的背景下，传统的教育模式已不再完全适应新的社会需求。第三次工业革命带来了技术的飞速发展，3D打印、智能制造和人工智能等新兴技术不断推动社会变革。高校需要通过教学管理模式的改革，培养适应新时代需求的创新型人才。面对技术的快速迭代和社会需求的不断变化，高校的教学管理模式应注重培养具有创新能力的人才。这不仅包括具备专业技能的高端人才，还需要具备广阔视野和综合素质的全面型人才。教育应通过更新课程设置、引入前沿科技和加强实践教学，提升学生的创新能力和实际解决问题的能力，适应未来社会的发展需求。随着人工智能和智能机器人技术的发展，社会对人才的需求发生了深刻变化。未来社会将需要更多具备跨学科知识和技能的复合型人才。高校应通过课程的多样化和跨学科的整合，培养能够适应未来社会变化的人才。高校还需关注社会责任感的培养，使学生不仅具备专业能力，还能够积极参与社会创新和变革。

三、构建具有全球视野的新人文教育观

"教育目标的定位，需要站在互联网信息时代和全球视野的高度来进行，社会历史变迁对人才培养提出的新要求始终是推动教育教学变革最重要的历史与现实动因。"[1]互联网时代带来了全球信息的无缝连接，使得教育目标的定位不再局限于单一国家或地区的需求。教育应站在全球视野的高度，关注全球化带来的机遇与挑战。传统的工业文明教育模式已无法完全适应信息时代的要求，新的人文教育观应强调以人为本，注重个性发展和全球视野的培养。

---

[1] 刘鑫军，孙亚东. 互联网时代高校教育管理模式改革与实践研究 [M]. 长春：吉林人民出版社，2021：31.

第五章　互联网时代高校教学管理模式改革及其创新应用

新人文教育观包括以下要素：①以人为本，注重人文关怀。教育应关注学生的全面发展，强调情感和心理的培养，促进学生的个性化成长。②注重个性发展，丰富情感，健全人格。教育应提供多样化的课程和活动，尊重学生的个体差异，促进其个性和人格的发展。③培养全球视野的现代公民。教育应注重全球化视角的培养，使学生能够理解和参与全球事务，具备跨文化沟通的能力。④培养科学精神，善于思辨，掌握技能，适应未来生活。教育应关注科学精神的培养，注重思辨能力和实际技能的提升，帮助学生适应快速变化的未来生活。⑤师生平等，合作共享，因材施教。教育应强调师生之间的平等关系，倡导合作与共享，根据学生的实际情况进行个性化的教学。⑥尊重和保持文化的多样性，提供多样选择。教育应尊重文化多样性，提供多样化的教育选择，促进文化的和谐共生。⑦融合本土和域外优良教育传统。教育应结合本土教育的优势，吸收和融合域外的优良教育传统，实现教育的创新与发展。⑧开放创新，勇于探索。教育应鼓励学生的创新精神和探索能力，培养其勇于挑战和解决新问题的能力。⑨重视终身教育和学习，注重绿色生态和环境教育。教育应关注终身学习的理念，培养学生的环境意识和可持续发展的能力。

互联网时代的高校教学管理模式改革需要体现教育的内在价值和社会价值，结合个人担当、社会担当和时代担当。个人担当强调以人为本，关注个性发展和全面自由发展；社会担当要求融合优良教育传统，培养具有全球视野和责任感的现代公民；时代担当关注全球绿色生态、文化多样性和科学精神，培养适应未来生活的能力。高校应在教育目标和教学管理中综合考虑这些方面，推动教育的全面改革。

第三节　互联网时代高校教学管理模式改革的途径

一、学生自我管理的改革

（一）发挥学生自我管理的主动性

学生自我管理的主动性是实施自我管理改革的核心，在互联网时代背景下，大学生作为信息的接收者和处理者，其自我管理能力对于提高学习效果、培养综合素质具有至关重要的作用。因此，高校应采取措施，充分发挥学生的主动性，引导他们积极参与自我管理。

1. 了解自我长处

了解自我是实施自我管理的前提，高校应引导学生深入了解自己的兴趣、优势、价值观等，以便更好地规划自己的学习和生活。具体而言，高校可以通过开设相关课程、举办讲座、提供心理咨询等方式，帮助学生认识自我，发现自己的长处和潜力；鼓励学生积极参与社团活动、社会实践等，通过实践了解自己的能力和兴趣所在。在了解自我的基础上，学生可以更加明确自己的学习目标和生活方向，从而制定出更加符合自己实际的自我管理计划。例如，一个对计算机科学充满热情的学生，可以明确地将深入学习计算机科学知识、提高编程能力作为自己的学习目标，并围绕这一目标制定详细的学习计划和实践方案。

2. 目标的管理

目标管理是自我管理的重要组成部分。通过设立明确、具体的目标，学生可以更加有针对性地规划自己的学习和生活，提高时间管理和任务执行的效率。具体而言，目标的管理包括以下方面。

（1）设立目标，让生活有明确的方向。高校应引导学生设立长期和短期的个人发展目标，长期目标可以涉及职业规划、学术研究等方面，而短期目标则可以是课程学习、技能提升等。通过设立明确的目标，学生可以更加清晰地了解自己的学习和生活方向，从而更加有针对性地制订自我管理计划。

（2）分解目标，随时充满紧迫感。将长期目标分解为短期目标，可以帮助学生更加具体地了解自己的任务和责任，从而保持持续的紧迫感和动力。例如，一个希望成为优秀律师的学生，可以将长期目标分解为通过司法考试、积累实习经验、发表法律论文等短期目标，并围绕这些目标制定详细的学习和实践计划。

（3）自我管理的重要内容——学会做事和与人相处。学会做事和与人相处是自我管理的重要内容。高校应引导学生注重培养自己的实践能力和社交能力，以便更好地适应未来的职业生涯和社会生活。高校可以通过开设实践课程、提供实习机会、组织社团活动等方式，帮助学生锻炼自己的实践能力和团队协作能力。

（4）学好做事与做人的基础。做事与做人是自我管理的两个基本方面。高校应引导学生注重培养自己的专业素养和人文素养，以便更好地实现个人价值和社会价值。高校可以通过开设专业课程、提供学术指导、加强校园文化建设等方式，帮助学生提高自己的专业素养和人文素养。

（5）高校学生实行自我管理的实践途径。为了有效地实施自我管理，高校学生需要掌握一定的实践途径和方法。学生可以通过制订个人学习计划、合理安排时间、积极参与社团活动、主动寻求学术指导等方式，提高自己的管理能力。高校也应提供必要的支持和帮助，如设立自我管理指导中心、提供心理咨询等，以便更好地引导学生实施自我管理。

（二）推动学生主动参与高校管理

在互联网时代背景下，学生作为信息的接收者和处理者，其参与高校管理的潜力和价值愈发凸显。因此，高校应采取措施，推动学生主动参与高校管理，以实现教学管理模式的创新与发展。

1. 学生参与高校管理的特点

学生参与高校管理具有鲜明的特点，这些特点既体现了学生的主体地位，也反映了互联网时代背景下高校管理模式的变革趋势。

（1）主体性特点。学生参与高校管理体现了学生的主体地位。在互联网时代背景下，学生不再是被动的信息接收者，而是积极的信息处理者和创造者。他们通过自己的思考、判断和行动，参与到高校管理的各个环节中，成为管理的主体。

（2）多元性特点。学生参与高校管理的形式和内容具有多元性。学生可以根据自己的兴趣、特长和需求，选择适合自己的参与方式，如参与学生组织、担任学生干部、参与学校决策等。这种多元性不仅满足了学生的个性化需求，也丰富了高校管理的内容和形式。

（3）创新性特点。学生参与高校管理具有创新性。在互联网时代背景下，学生接触到的信息和知识更加丰富多样，他们的思维方式和行为方式也更加开放和创新。因此，学生在参与高校管理时，能够提出新的想法和建议，为高校管理模式的创新与发展注入新的活力。

（4）互动性特点。学生参与高校管理具有互动性。在互联网时代背景下，学生与教师、学校管理层之间的沟通和交流更加便捷和高效。学生可以通过各种渠道和平台，表达自己的意见和建议，与教师和管理层进行互动和交流，共同推动高校管理模式的改进和完善。

2. 学生参与高校管理的形式

学生参与高校管理的形式多种多样，这些形式既体现了学生的主体地位，也反映了高校管理模式的多样性和灵活性。

（1）学生组织参与。学生组织是学生参与高校管理的重要形式之一。学生可以通过加入学生会、学生社团等组织，参与到学校的各种活动中，如组织文艺比赛、举办学术讲座、开展社会实践等。通过这些活动，学生可以锻炼自己的组织能力、沟通能力和领导能力，同时也可以为学校的发展作出贡献。

（2）学生干部参与。学生干部是学生参与高校管理的另一重要形式。学生干部作为学校与学生之间的桥梁和纽带，可以参与到学校的管理和决策中，如参与学生工作计划的制定、学生活动的组织和管理、学生意见的收集和反馈等。通过担任学生干部，学生可以更加深入地了解学校的管理机制和运作方式，同时也可以为同学提供更好的服务。

（3）学校决策参与。学生参与学校决策是提升学生自我管理能力、培养学生民主意识和责任感的重要途径。通过参与学校决策，学生可以更加深入地了解学校的运作机制和管理方式，同时也可以为自己的权益和利益发声。

（4）网络平台参与。在互联网时代背景下，网络平台成为学生参与高校管理的新形式。学校可以通过建立校园网站、微信公众号等平台，让学生可以随时随地参与到学校的管理和活动中。

3. 学生参与高校管理的策略

为了有效地推动学生参与高校管理，需要制定一系列切实可行的策略。这些策略应围绕学生权利、学生权力以及学生参与的优化展开，以确保学生在高校管理中的主体地位得到充分体现，同时促进学生的全面发展。

（1）重视学生权利：更新学生参与高校管理的观念。在互联网时代背景下，学生权利应得到更多的关注和尊重。高校应更新观念，将学生视为管理的重要主体，而非仅仅是管理的对象。这意味着高校需要认识到学生参与管理不仅有助于提升学生的自我管理能力，还能为高校管理带来新的活力和创新。因此，高校应积极倡导学生参与管理的理念，营造民主、开放的管理氛围，鼓励学生积极表达自己的意见和建议。为了实现这一观念更新，高校可以采取多种措施。例如，高校可以组织师生研讨会，就学生参与管理的重要性和可行性进行深入探讨；邀请专家学者举办讲座，分享国内外高校在学生参与管理方面的成功案例和经验；通过校园媒体、宣传栏等途径，广泛宣传学生参与管理的理念和价值。

（2）赋予学生权力：完善学生参与高校管理的机制。赋予学生一定的权力是推动学生参与高校管理的关键。高校应完善相关机制，确保学生在管理中的参与权和决策权。这可以通过设立学生代表大会、学生委员会等机构来实现，让学生代表参与到学校的决策过程中，如参与学校规章制度的制定、教学计划的安排等。这些机构还可以作为学生与学校管理层之间的桥梁和纽带，负责收集和反馈学生的意见和建议。为了确保学生权力的有效行使，高校还需要制定相关的规章制度和操作流程。例如，高校可以明确规定学生代表大会的选举程序、议事规则以及决策方式等；建立学生意见反馈机制，确保学生的意见和建议能够及时传达给学校管理层并得到妥善处理。

（3）优化学生参与：提升学生参与高校管理的品质。为了提升学生参与高校管理的品质，需要从多个方面进行优化。具体而言，包括提高大学生参与高校管理的层次、创新大学生参与高校管理的方法以及增强大学生参与高校管理的能力。

第一，提高大学生参与高校管理的层次。目前大学生参与高校管理往往停留在较低层次，如参与学生活动、担任学生干部等。为了提升参与层次，高校应鼓励学生参与到更高层次的管理活动中，如参与学校发展规划的制定、教学质量的评估等。这不仅可以让学生更加深入地了解学校的管理机制和运作方式,还可以培养学生的全局意识和战略思维。

第二,创新大学生参与高校管理的方法。传统的参与方式往往以会议、座谈等形式为主,缺乏创新性和互动性。为了吸引更多学生参与管理,高校需要创新参与方法,如利用互联网平台开展在线讨论、投票等活动;还可以引入项目管理、团队协作等现代管理方法,让学生在实践中学习和成长。

第三,增强大学生参与高校管理的能力。学生参与管理需要具备一定的能力和素质,如沟通能力、组织能力、决策能力等。为了提升学生这些能力,高校可以开设相关课程或培训项目,如领导力培训、团队协作训练等;还可以为学生提供实践机会,如让学生参与到学校实际的管理项目中,通过实践锻炼和提升自己的能力。

二、高校学生管理者的改革

在互联网时代背景下,高校学生管理者的角色与职能正经历着前所未有的变革。传统的管理模式已难以适应快速变化的教育环境和学生需求,因此高校学生管理者的改革成为推动高校教学管理模式创新的关键环节。

(一)管理者提高自身综合素质

互联网时代的高校学生管理者需要具备更高的综合素质,以应对复杂多变的管理挑战。这不仅包括专业知识的更新,还涉及管理能力的提升和创新思维的拓展。管理者自身综合素质的提高,是推动高校学生管理工作创新与发展的基础。

1. 高校管理者的责任体现

在互联网时代背景下,高校管理者的责任更加重大,主要体现在两个方面：首先，促进高校教育发展的责任。高校学生管理者作为高校教育的重要组成部分，承担着推动高校教育发展的重任，他们需要关注教育发展的趋势，了解互联网时代对教育的新要求，并积极应对这些挑战。通过制定科学合理的管理策略，优化教育资源配置，提高教育质量，管理者可以为高校教育的持续发展做出积极贡献。其次，推动大学生成长成才的责任。高校学生管理者的另一项重要责任是推动大学生的成长成才。在互联网时代背景下，大学生的成长环境和学习方式都发生了深刻变化。管理者需要关注大学生的个性化需求，提供有针对性的指导和支持，帮助他们充分发挥潜力，实现全面发展。通过营造良好的学习氛围，提供丰富的学习资源，以及开展多样化的课外活动，管理者可以为大学生的成长成才创造有利条件。

2. 学生管理者的素质优化

为了适应互联网时代对高校教学管理模式的新要求，学生管理者需要不断优化自身素质，提升管理能力和创新水平。这主要体现在以下方面。

（1）注重知识更新，加强责任引导。在互联网时代背景下，知识更新速度加快，学生管理者需要不断学习和掌握新知识、新技能，以适应管理环境的变化。他们应该关注教育管理学、心理学、社会学等相关学科的最新研究成果，将其应用于实际工作中，提高管理的科学性和有效性。学生管理者还需要加强责任引导，明确自身的职责和使命，将推动高校教育发展和大学生成长成才作为工作的核心目标。为了实现知识更新和责任引导，学生管理者可以采取多种措施。例如，他们可以参加专业培训课程，学习最新的管理理论和方法；阅读相关学术著作和期刊文章，了解学科前沿动态；与同行进行交流和研讨，分享管理经验和心得。通过这些措施，学生管理者可以不断提升自身的专业素养和管理能力。

第五章　互联网时代高校教学管理模式改革及其创新应用

（2）注重能力管理，拓展创新载体。除了知识更新外，学生管理者还需要注重能力管理，提升自身的领导力、沟通力、决策力等关键能力。这些能力是管理者在实际工作中不可或缺的重要素质，对于推动高校学生管理工作的创新与发展具有重要意义。学生管理者还需要积极拓展创新载体，如利用互联网平台开展在线管理、引入项目管理方法等现代管理手段，以提高管理的效率和效果。为了提升能力管理和拓展创新载体，学生管理者可以采取以下措施：一是参加领导力培训项目，提升自身的领导力和团队协作能力；二是学习沟通技巧和决策方法，提高与学生、教师和其他管理人员的沟通效果和决策质量；三是鼓励学生参与管理创新实践，如开展学生自我管理项目、设立学生创新基金等，以激发学生的创新精神和实践能力。

（二）切实落实学生管理工作

在互联网时代背景下，学生管理工作面临着诸多新的挑战和机遇，如学生信息获取方式的多样化、学生思想观念的多元化等。这要求学生管理者必须更新管理理念，创新管理方法，以适应新时代的需求。高校辅导员作为学生管理工作的重要力量，其地位和作用不容忽视。

1. 辅导员的地位及作用

辅导员在高校教学管理模式中占据着举足轻重的地位，他们不仅是学生管理工作的直接执行者，更是高校教育目标实现的重要推动者。在互联网时代背景下，高校辅导员的作用更加凸显，主要体现在以下方面。

（1）管理协调。高校辅导员承担着学生日常事务管理的重要职责，包括学生宿舍管理、学生活动组织、学生纪律监督等。他们需要协调各方资源，确保学生管理工作的有序进行。在互联网时代背景下，高校辅导员可以利用互联网平台，实现学生事务的在线管理，提高工作效率。

例如，通过建立学生信息管理系统，实现学生信息的实时更新和共享；通过在线会议平台，组织学生会议和活动，提高沟通和协作效率。

（2）纽带桥梁。高校辅导员是连接学校与学生、教师与学生之间的重要纽带。他们需要传达学校的政策和要求，同时也要反馈学生的意见和建议。在互联网时代背景下，高校辅导员可以利用社交媒体等渠道，建立与学生之间的密切联系，及时了解学生的思想动态和需求，为学校提供有针对性的建议和意见；利用互联网平台，加强与教师之间的沟通和协作，共同推动学生管理工作的创新与发展。

（3）教育疏导。高校辅导员还承担着学生思想教育和心理疏导的重要职责。他们需要关注学生的思想动态，及时进行思想教育和引导，帮助学生树立正确的价值观和人生观。在互联网时代背景下，高校辅导员可以利用网络平台，开展在线思想教育和心理疏导工作。例如，通过建立心理健康教育网站或微信公众号，提供心理健康知识和咨询服务；通过在线交流平台，与学生进行实时互动和交流，及时解答学生的疑惑和问题。

（4）成才导师。高校辅导员还是学生成长成才的重要导师。他们需要关注学生的个性化需求和发展潜力，为学生提供有针对性的指导和支持。在互联网时代背景下，高校辅导员可以利用大数据和人工智能技术，分析学生的学习和生活数据，为学生提供更加精准的指导和建议。例如，通过分析学生的学习成绩和兴趣爱好等数据，为学生推荐适合的学习资源和课外活动；通过关注学生的社交网络和情感状态等数据，为学生提供个性化的心理支持和辅导。

2. 学生辅导员工作策略

（1）身体力行，做个"好榜样"。在互联网时代背景下，学生的价值观和行为模式受到网络信息的深刻影响。因此，辅导员作为学生成长道路上的重要引导者，必须以身作则，用自己的言行为学生树立一个

第五章　互联网时代高校教学管理模式改革及其创新应用 ◎

良好的榜样。这要求辅导员在日常生活中注重个人品德的修养，保持积极向上的生活态度，以及严谨负责的工作态度。辅导员还应积极参与学术研究和社会实践，不断提升自己的专业素养和综合能力，以更好地引导学生健康成长。身体力行不仅体现在辅导员的个人行为上，还体现在其与学生互动的方式中。辅导员应以平等、尊重的态度对待每一位学生，关注学生的个性化需求，倾听学生的声音，理解学生的困惑和挑战。通过与学生建立真诚的沟通关系，辅导员可以更好地了解学生的内心世界，为学生提供有针对性的指导和支持。这种身体力行的榜样作用，将对学生产生深远的影响，帮助他们树立正确的价值观和人生观。

（2）全面发展，做个"多面手"。在互联网时代背景下，学生面临的问题和挑战日益多样化，这要求辅导员必须具备全面的知识和技能，以应对各种复杂情况。因此，辅导员应努力成为一个"多面手"，具备心理学、教育学、社会学等多学科的知识背景，以及良好的沟通技巧、组织协调能力、危机处理能力等。这样，辅导员才能更好地理解学生的需求，为学生提供全方位的支持和帮助。为了实现全面发展，辅导员需要不断学习和提升自己的专业素养。他们可以通过参加专业培训课程、阅读相关学术著作和期刊文章、参与学术交流活动等方式，不断更新自己的知识结构和技能体系。辅导员还应积极关注互联网技术和现代教育管理方法的发展动态，探索将其应用于学生管理工作的可能性。例如，利用社交媒体平台与学生进行实时互动和交流，利用大数据分析技术了解学生的学习和生活状况等。

（3）促进高校育人工作高效稳定运行。辅导员作为学生管理工作的直接执行者，其工作效率和质量直接影响到高校育人工作的整体效果。因此，辅导员需要注重工作策略的创新和优化，以促进高校育人工作的高效稳定运行。这要求辅导员在日常工作中注重团队协作和资源共享，与其他教师和管理人员建立良好的合作关系，共同推动学生管理工作的创新与发展。为了实现这一目标，辅导员可以采取多种措施。例如，建立学生信息管理系统，实现学生信息的实时更新和共享；制定科学合理的学生管理计划和方案，确保学生管理工作的有序进行；加强与学校各部门的沟通和协作，共同解决学生面临的问题和挑战等。通过这些措施的实施，辅导员可以更好地履行自己的职责和使命，为推动高校育人工作的高效稳定运行做出积极贡献。

（4）提升高校辅导员的综合素质和能力。在互联网时代背景下，高校辅导员的综合素质和能力成为推动学生管理工作创新与发展的关键因素。为了提升辅导员的综合素质和能力，高校需要注重辅导员队伍的建设和培养。这包括制定科学合理的辅导员选拔和任用机制、建立完善的辅导员培训体系、提供多样化的职业发展机会等。具体来说，高校可以通过开展定期的辅导员培训活动、组织辅导员参加学术交流和实践项目、鼓励辅导员进行学术研究和创新实践等方式，提升辅导员的专业素养和综合能力。高校还应关注辅导员的心理健康和职业发展需求，为他们提供必要的心理支持和职业发展指导。通过这些措施的实施，高校可以打造一支高素质、专业化的辅导员队伍，为推动学生管理工作的创新与发展提供有力的人才保障。

（三）掌握学生管理的关键点

学生管理是高校教育管理的重要组成部分，而掌握其关键点则是实现有效管理的重要途径。在互联网时代背景下，学生管理的关键点主要包括以下方面。

1. 入学教育环节的学生管理

入学教育是高校学生管理的起点，也是引导学生适应大学生活、树立正确价值观的关键时期。在互联网时代背景下，入学教育的内容和形式都需要进行创新，以适应新时代学生的需求。首先，入学教育的内容应涵盖互联网素养教育。随着互联网的普及，学生在日常生活中越来越

第五章　互联网时代高校教学管理模式改革及其创新应用 ◎

多地接触到网络信息。然而，网络信息的质量参差不齐，学生的辨别能力和抵御不良信息的能力相对较弱。因此，入学教育应加强对学生的互联网素养教育，引导他们学会辨别网络信息的真伪，培养健康的网络使用习惯。其次，入学教育的形式应多样化。传统的入学教育主要以讲座、宣讲等形式为主，形式单一，难以吸引学生的兴趣。在互联网时代背景下，入学教育可以采用线上与线下相结合的形式，如利用社交媒体平台开展线上互动、制作入学教育视频等，以更加生动、有趣的方式引导学生了解大学生活和规章制度。最后，入学教育应注重个性化引导。每个学生都有自己的特点和需求，入学教育应根据学生的不同情况进行个性化引导。例如，对于来自不同地区、不同文化背景的学生，入学教育可以提供相应的文化适应指导；对于对专业有困惑的学生，可以提供专业咨询和职业规划指导等。

2. 学生干部选拔环节的管理

学生干部是高校学生管理的重要力量，他们既是学生群体的代表，也是学校与学生之间的桥梁。因此，学生干部的选拔和培养对于实现有效的学生管理至关重要。首先，学生干部的选拔应注重能力和素质的考察。传统的学生干部选拔往往侧重于学生的成绩和表现，而忽视了其领导能力和团队协作能力等素质的考察。在互联网时代背景下，学生干部需要具备更强的组织协调能力、沟通能力和创新能力等。因此，选拔过程中应注重对学生能力和素质的全面考察，确保选拔出的学生干部能够胜任其职责。其次，学生干部的培养应注重实践锻炼和定期培训。学生干部的能力提升需要不断地实践锻炼和定期培训。学校可以为学生干部提供更多的实践机会，如组织策划学生活动、参与学校管理等，以锻炼他们的组织协调能力和领导能力。学校还应定期为学生干部提供培训，如领导力培训、沟通技巧培训等，以提升他们的专业素养和综合能力。最后，学生干部的管理应注重激励和约束机制的建设。为了激发学生干

◎ 教育重塑：高校教学改革及其创新实践

部的工作积极性和创造力，学校需要建立有效的激励机制，如设立学生干部奖学金、提供职业发展机会等。为了确保学生干部能够履行职责并遵守规章制度，学校还需要建立相应的约束机制，如制定学生干部行为规范、建立学生干部考核机制等。

3. 学生评优和纳新环节管理

评优和纳新是学生管理中的重要环节，也是激励学生积极参与学生活动、推动学生组织发展的重要手段。在互联网时代背景下，评优和纳新的方式和标准也需要进行创新。首先，评优的标准应注重多元化和个性化。传统的评优标准往往侧重于学生的成绩和表现，而忽视了其特长和个性化发展。在互联网时代背景下，学校应鼓励学生积极参与各种学生活动和社会实践，因此评优的标准也应注重多元化和个性化。例如，可以设立创新奖、社会实践奖等，以表彰在不同领域有突出表现的学生。其次，纳新的方式应注重线上和线下的结合。传统的纳新方式主要以线下宣传和活动为主，形式单一，难以覆盖更广泛的学生群体。在互联网时代背景下，学校可以利用社交媒体平台等线上渠道进行纳新宣传和活动组织，以吸引更多学生的关注和参与。线下活动也可以与线上活动相结合，如线上报名、线下面试等，以提高纳新的效率和质量。最后，评优和纳新的过程应注重公平和透明。为了确保评优和纳新的公平性和公正性，学校需要建立相应的监督机制和公示制度。例如，可以设立评优和纳新监督委员会，负责监督整个过程的公正性和合法性；评优和纳新的结果也需要进行公示，接受广大师生的监督和建议。

（四）掌握学生个体管理的艺术

学生个体管理是高校教学管理的重要组成部分，也是体现高校学生管理者能力和智慧的关键环节。在互联网时代背景下，掌握学生个体管理的艺术对于实现有效的教学管理至关重要。

第五章　互联网时代高校教学管理模式改革及其创新应用 ◎

1. 学生管理中制度的规范与激励功能

制度是高校教学管理的基础，也是规范学生行为、保障教学秩序的重要手段。在互联网时代背景下，制度的规范和激励功能在高校学生管理工作中的显现尤为重要。一方面，制度具有规范功能。通过制定明确的行为规范和处罚措施，制度可以有效地约束学生的行为，防止不良现象的发生。例如，制定严格的考勤制度可以确保学生的出勤率，制定学术诚信制度可以维护学术研究的纯洁性。这些制度的实施可以有效地规范学生的行为，为教学管理提供良好的秩序保障。另一方面，制度具有激励功能。通过设立奖励机制和激励机制，制度可以激发学生的积极性和创造力，引导他们积极参与教学管理和学术研究。例如，设立奖学金、优秀学生评选等奖励机制可以激励学生在学业上取得更好的成绩；设立创新项目、科研基金等激励机制可以鼓励学生积极参与科研活动，培养他们的创新能力和实践能力。在互联网时代背景下，制度的规范和激励功能需要得到进一步的强化和创新。高校学生管理者需要不断探索适应新时代需求的制度形式和内容，以更加科学、合理、有效的方式规范学生的行为，激发他们的积极性和创造力。

2. 以激励性制度引领学生管理工作价值

激励性制度是学生个体管理的重要组成部分，也是推动高校学生管理工作价值创新的重要手段。在互联网时代背景下，以激励性制度引领高校学生管理工作的价值创新成为时代发展的必然趋势。首先，激励性制度可以激发学生的内在动力。传统的教学管理模式往往注重外部约束和惩罚，而忽视了学生的内在动力和积极性。激励性制度通过设立奖励机制和激励机制，可以激发学生的内在动力，使他们更加主动地参与教学管理和学术研究。这种内在动力的激发可以有效地提高学生的学习效果和研究能力，推动高校教学管理的价值创新。其次，激励性制度可以促进学生的个性化发展。每个学生都有自己的特长和潜力，激励性制度可以通过设立多样化的奖励机制和激励机制，引导学生发掘自己的特长和潜力，实现个性化发展。例如，设立创新创业奖励机制可以鼓励学生积极探索创业道路，培养他们的创新精神和创业能力；设立社会实践奖励机制可以引导学生积极参与社会实践活动，培养他们的社会责任感和实践能力。最后，激励性制度可以提升高校教学管理的整体效能。通过设立激励性制度，高校可以更加有效地调配资源、优化管理流程、提高管理效率。激励性制度还可以激发教师和管理人员的工作积极性和创造力，形成良好的工作氛围和团队文化。这些都有助于提升高校教学管理的整体效能，推动高校教学管理的价值创新。

3. 高度重视高校学生管理制度的有效设计

高校学生管理制度的设计是实现有效学生个体管理的关键环节。在互联网时代背景下，高校学生管理制度的设计需要更加注重科学性、合理性和有效性。首先，高校学生管理制度的设计需要注重科学性。科学性是指管理制度的设计需要符合教育规律和管理原理，具有理论支撑和实践基础。在设计管理制度时，需要充分考虑学生的身心发展特点、学习规律以及社会需求等因素，确保管理制度的科学性和可行性。其次，高校学生管理制度的设计需要注重合理性。合理性是指管理制度的设计需要符合法律法规和道德规范，具有公正性和可操作性。在设计管理制度时，需要充分考虑学生的权益和利益诉求，确保管理制度的合理性和公正性；注重管理制度的可操作性，确保管理制度能够在实际中得到有效执行。最后，高校学生管理制度的设计需要注重有效性。有效性是指管理制度的设计需要能够实现预期的管理目标和管理效果。在设计管理制度时，需要明确管理目标和管理效果的评价标准和方法，确保管理制度的有效性和实用性；注重管理制度的灵活性和适应性，以便根据实际情况进行调整和完善。

三、高校环境文化层面的管理改革

（一）营造健康积极的管理大环境

营造健康积极的管理大环境是互联网时代高校环境文化层面管理改革的基础与前提。这一目标的实现需要从多个维度入手，形成合力，共同推动高校教学管理环境的优化与升级。

第一，提高学生的文化素养、自我调节与管理能力。在互联网时代背景下，学生作为高校教学管理的主体，其文化素养、自我调节与管理能力的高低直接影响着教学管理效果的好坏。因此，高校应注重学生文化素养的提升，通过开展丰富多彩的文化活动，引导学生树立正确的价值观，增强其对多元文化的认知与理解能力；加强对学生自我调节与管理能力的培养，通过开设相关课程、举办讲座等方式，传授学生有效的自我调节与管理技巧，帮助其在面对学业、生活等方面的压力时能够做出合理的应对与调整。

第二，营造积极健康的校园文化环境。校园文化环境是高校教学管理的重要外部条件，对于学生的学习与成长具有潜移默化的影响。为了营造积极健康的校园文化环境，高校应注重校园文化的建设与传承，通过举办各类文化活动、比赛等，丰富校园文化生活，增强学生对校园文化的认同感与归属感；加强对校园文化的引导与管理，确保校园文化的发展方向与社会主义核心价值观相契合，为学生的学习与成长提供一个良好的外部环境。

第三，加强网络监管力度，有效管理网络文化。在互联网时代背景下，网络文化已成为校园文化的重要组成部分。然而，网络文化的多样性与复杂性也给高校教学管理带来了新的挑战。为了有效管理网络文化，高校应加强网络监管力度，建立健全网络文化管理机制，对网络文化进行及时的监控与管理；注重对网络文化的引导与培育，通过开设网络文化课程、举办网络文化活动等方式，引导学生树立正确的网络价值观，增强其网络素养与责任感。

第四，以学生为本，创新高校网络思想政治教育。网络思想政治教育是高校教学管理的重要组成部分，也是引导学生树立正确价值观、增强其社会责任感的重要途径。在互联网时代背景下，高校应以学生为本，创新网络思想政治教育的方式与内容。具体而言，高校可以利用互联网技术的优势，开设网络思想政治教育课程，通过在线互动、讨论等方式，增强学生对思想政治教育的参与感与认同感；利用社交媒体等网络平台，开展形式多样的网络思想政治教育活动，如在线讲座、主题讨论等，以更加贴近学生生活的方式引导其树立正确的价值观与人生观。

（二）管理与校园文化建设有机结合

1. 校园文化建设促进学生管理工作

校园文化建设作为高校教学管理的重要组成部分，对于促进学生管理工作具有不可替代的作用。在互联网时代背景下，校园文化建设更需要与时俱进，不断创新与发展，以适应新时代学生的需求与挑战。

（1）加强校园环境文化建设，提升服务学生能力。校园环境文化是学生学习与生活的重要外部条件，对于学生的学习效果与生活品质具有直接的影响。因此，加强校园环境文化建设，提升服务学生能力，是促进学生管理工作的重要途径。具体而言，高校应注重校园环境的绿化与美化，打造宜人的自然景观与人文景观，为学生提供一个舒适、宜人的学习与生活环境；加强校园设施的建设与维护，确保教学设施、生活设施等能够满足学生的基本需求，提升学生的生活品质与学习体验；注重校园环境的卫生与整洁，建立健全校园环境卫生管理制度，确保校园环境的干净与整洁，为学生创造一个健康、积极的学习与生活氛围。

（2）加强校园精神文化建设，营造和谐育人氛围。校园精神文化是高校校园文化的核心与灵魂，对于培养学生的精神风貌与价值观念具有深远的影响。因此，加强校园精神文化建设，营造和谐育人氛围，是促进学生管理工作的又一重要途径。具体而言，高校应注重校园精神文化的传承与创新，通过举办各类文化活动、讲座等，传承学校的优良传统与精神风貌，引导学生树立正确的价值观与人生观；注重校园精神文化的多元化发展，尊重不同文化背景与学生的个性差异，营造一个包容、开放的校园文化氛围；注重校园精神文化的实践与创新，鼓励学生积极参与校园文化活动与社会实践，培养其创新精神与实践能力，为其未来的发展与成长奠定坚实的基础。

（3）加强校园制度文化建设，建立完善规章体系。校园制度文化是高校校园文化的重要组成部分，也是保障学校教学秩序与学生权益的重要基础。因此，加强校园制度文化建设，建立完善规章体系，是促进学生管理工作的必要途径。具体而言，高校应注重校园制度文化的规范化与科学化建设，建立健全各项规章制度与管理机制，确保学校教学秩序的稳定与学生权益的保障；注重校园制度文化的民主化与人性化建设，充分听取学生与教师的意见与建议，确保规章制度的合理性与可行性；注重校园制度文化的执行与监督力度，加强对规章制度执行情况的检查与评估，确保其在实际中得到有效的执行与落实。

2. 教学管理与校园文化建设的结合

（1）提高学生的文化素养、自我调节与管理能力。在互联网时代背景下，学生的文化素养、自我调节与管理能力对于其学习成效与未来发展具有至关重要的影响。因此，教学管理与校园文化建设的结合应首先关注学生的文化素养提升与自我调节、管理能力的培养。具体而言，高校可以通过开设相关课程、举办文化讲座与活动等方式，丰富学生的文化知识，提升其文化素养；借助校园文化活动的平台，引导学生积极参与自我管理与自我调节的实践，培养其独立思考、自我约束与自我发展的能力。例如，可以通过组织社团活动、志愿服务等，让学生在实践中锻炼自己的组织协调能力、团队合作精神与社会责任感。

（2）营造积极健康的校园文化环境。校园文化环境对于学生的成长与发展具有潜移默化的影响。因此，教学管理与校园文化建设的结合应注重营造积极健康的校园文化环境。具体而言，高校可以通过加强校园文化的规划与建设，打造具有特色与内涵的校园文化品牌，形成积极向上的校园文化氛围；注重校园文化的传承与创新，鼓励学生在继承传统的基础上进行创新与发展，形成具有时代特色与青春活力的校园文化；加强校园文化的国际化建设，引进国外优秀的文化元素与教育理念，拓宽学生的国际视野与跨文化交流能力。

第四节　互联网时代高校教学管理模式的创新应用

随着互联网技术的飞速发展，高校教学管理模式正经历着前所未有的变革。互联网教学资源作为这一变革中的重要推手，其在高校教学管理中的应用不仅丰富了教学手段，还极大地提升了教学质量与管理效率。下面从互联网教学资源管理平台的建设以及互联网教学资源建设两个方面，深入探讨互联网时代高校教学管理模式的创新应用。

一、互联网教学资源在高校教学管理中的应用

（一）互联网教学资源管理平台的建设

互联网教学资源管理平台是高校实现教学资源数字化、网络化、智能化的基础。这一平台的建设不仅关乎技术层面的革新，更涉及到教学理念、管理方式等多方面的深刻变革。

第一，平台架构设计。互联网教学资源管理平台应采用模块化、可

扩展的架构设计，以便根据高校实际教学需求进行灵活配置。平台应包含资源管理、课程管理、用户管理、数据分析等多个功能模块，实现教学资源的统一存储、高效检索与智能推荐。

第二，数据标准化与互操作性。为确保不同来源的教学资源能够在平台上无缝集成，必须制定统一的数据标准与接口规范。这包括教学资源格式、元数据描述、版权信息等，以实现资源的互操作性与共享性。

第三，安全性与隐私保护。在互联网环境下，教学资源的安全性与用户隐私保护是平台建设的重中之重。应采用先进的加密技术、访问控制机制以及数据备份策略，确保教学资源不被非法访问、篡改或泄露。

第四，用户体验与交互设计。平台应注重用户体验，提供直观易用的操作界面与交互设计。通过用户行为分析，不断优化平台功能布局与操作流程，降低教师与学生的使用门槛，提高教学资源的利用率。

第五，集成与定制化服务。为满足不同高校的个性化需求，平台应提供丰富的 API 接口与 SDK 工具包，支持高校根据自身特点进行二次开发与功能扩展。平台也应提供定制化服务，如定制化首页、特色资源库建设等，以增强平台的适应性与灵活性。

（二）互联网教学资源建设

互联网教学资源建设是高校教学管理模式创新的核心内容。优质、丰富的教学资源不仅能够提升教学质量，还能激发学生的学习兴趣与自主学习能力。

第一，多元化资源类型。互联网教学资源应包括视频、音频、文档、PPT、虚拟实验等多种类型，以满足不同学科、不同教学场景的需求。同时，鼓励教师创新教学方法，开发互动式、情境式等新型教学资源，提升教学效果。

第二，开放共享与版权管理。建立教学资源开放共享机制，鼓励教师上传原创教学资源，并实现跨校、跨区域的资源共享。建立完善的版权管理机制，保护教学资源创作者的合法权益，促进资源的合法使用与传播。

第三，质量评价与持续改进。建立教学资源质量评价体系，通过用户评价、同行评审等方式对教学资源进行质量评估。根据评价结果，对优质资源进行推广，对劣质资源进行整改或淘汰，形成良性循环，不断提升教学资源整体质量。

第四，学科特色与国际化视野。结合高校自身的学科优势与特色，重点建设一批具有国际影响力的学科教学资源库。引入国外优质教学资源，促进国际学术交流与合作，拓宽学生的国际视野。

第五，持续更新与迭代。教学资源的建设是一个动态的过程，需要根据学科发展、技术革新以及用户需求的变化进行持续更新与迭代。建立教学资源更新机制，确保资源的时效性与前沿性，满足师生对新知识、新技术的需求。

二、网络教育平台在高校教学管理中的应用

"随着互联网信息技术的高速发展，各高校在网络环境支撑下积极开展网络教学并取了显著成效。"[①]网络教育平台作为高校教学管理的重要创新应用，不仅改变了传统的教学模式，还极大地提升了教学管理的效率与质量。

（一）网络教育平台的建立与资源共享

根据教育部精品课程建设的要求，省级以上的精品课程均须建立课程网站，作为公共资源向社会开放，以促进资源共享。这一举措不仅体现了高校对教学资源开放的积极态度，也展示了网络教育平台在资源共享方面的巨大潜力。首先，平台建立与课程资源整合。网络教育平台的

---

① 刘治国. 高校网络教学的监控与管理策略研究[J]. 科技资讯, 2020, 18(5): 104.

建立，首先需要对现有的课程资源进行整合。通过数字化、网络化处理，将传统的教材、教案、课件等教学资源转化为可在互联网上传输和访问的数字资源。平台还应具备资源上传、下载、编辑、分类、检索等功能，以便教师和管理员对课程资源进行有效管理。其次，资源共享与开放访问。建立课程网站后，高校可以将精品课程资源上传至网站，供校内师生及社会公众访问。通过设置不同的访问权限，可以实现资源的共享与保护。高校还可以通过与其他高校或机构的合作，实现跨校、跨区域的资源共享，进一步拓宽资源的受众范围。最后，版权管理与资源更新。在资源共享的过程中，版权管理是一个重要的问题。高校应建立完善的版权管理机制，确保课程资源的合法使用与传播。由于学科知识的不断更新与发展，平台上的课程资源也需要进行定期的更新与维护，以保持资源的时效性与前沿性。

（二）网络课程的开发与应用

网络教学平台开发的网络课程可以作为学生自主学习和辅助教学的手段。这些课程不仅展示了教材以外的资源，还可以用于布置作业、进行单元自测、模拟考试、答疑和讨论等。首先，课程设计与开发。网络课程的开发需要遵循教学设计的基本原理，结合互联网技术的特点进行。课程内容应涵盖学科的核心知识点，同时注重知识的拓展与延伸。课程设计还应考虑学生的学习需求与兴趣点，通过多样化的教学手段和互动方式激发学生的学习兴趣。其次，自主学习与辅助教学。网络课程可以为学生提供自主学习的平台。学生可以根据自己的学习进度和兴趣选择课程内容进行学习。网络课程也可以作为辅助教学的手段，在课堂上进行展示和讲解，帮助学生更好地理解和掌握知识点。最后，作业布置与测评功能。网络教学平台应具备作业布置和测评功能。教师可以通过网络平台发布作业任务，学生可以在线提交作业并进行互评或教师评价。测评功能可以用于单元自测、模拟考试等环节，帮助学生检验自己的学习成果并发现不足之处。

（三）网络教育与网络大学的教学形式

我国的网络教育和网络大学的教学形式是将课程资料经过多媒体改造后通过互联网发布，学生通过浏览器进行课程学习。这种教学形式充分利用了互联网技术的优势，实现了教学资源的广泛传播和共享。首先，多媒体改造与课程发布。网络教育和网络大学需要对传统的课程资料进行多媒体改造，将其转化为适合在互联网上传输和访问的数字资源。这包括视频的录制和编辑、音频的处理、动画的制作等。改造后的课程可以通过网络教学平台进行发布和管理。其次，学生自主学习与互动交流。学生可以自主选择学习时间和地点，根据自己的学习进度进行自主学习。网络教学平台还提供了互动交流的功能，学生可以通过平台与教师或其他学生进行交流和讨论，分享学习心得和体会。最后，教学管理与质量保障。网络教育和网络大学的教学形式需要建立完善的教学管理和质量保障体系。这包括教学计划的制定和执行、教学资源的更新和维护、学生学习进度的跟踪和管理、教学质量的评估和反馈等。通过科学的教学管理和质量保障措施，可以确保网络教育和网络大学的教学质量和学习效果。

第六章 高校教学改革多元化及其创新实践探索

第一节 高校思政课教学改革的框架体系与创新实践

一、高校思政课教学改革的框架体系

（一）高校思政课教学改革的基本原则

1. 与时俱进的原则

（1）以与时俱进的实践精神指导思想政治教育学建设。思想政治教育学建设需要以实践为基础，注重理论与实践的结合。实践是主体为满足一定需求而能动地认识和改造客体的活动，实践精神则要求从实践的角度审视和解释客观事物，并以此指导理论的发展和创新。思想政治教育学建设应遵循辩证唯物主义的认识论总规律，通过实践不断认识和改进理论，从而推动理论的完善和发展。思想政治教育学建设应以实践精神为指导，把握思想政治教育实践活动的目标，从中抽象出理论基础和指导思想；对思想政治教育实践中的重大问题进行研究，提炼出具有概括力的理论，以推动思想政治教育学的创新和完善；将现有的理论放

到实践中检验，加以修正和补充，不断改进和发展思想政治教育学的理论。在当前全球化、信息化的背景下，思想政治教育的各个方面都发生了巨大变化，面临许多新的问题和挑战。理论研究只有与社会发展的要求相结合，才能具有生命力和影响力。思想政治教育学建设者们应把握实际变化，从实践经验中抽象出理论，促进思想政治教育学的发展。

（2）以与时俱进的审视精神指导思想政治教育学建设。审视精神要求人们在从事社会实践和理论创新时，运用科学理论和客观事实对现有经验和理论活动成果进行考察和评鉴。思想政治教育学建设者们应以审视精神指导理论创新和发展，回归理论自身进行审视，继承科学基础，建立符合时代发展需要的理论体系；科学审视随时代变化而来的环境变化，正确把握世情、国情、党情和民情，从而增强思想政治教育学建设的时代性；科学审视现有理论能否解释新的现象，并根据具体历史条件分清哪些理论应坚持，哪些应修正和发展；对自己和他人的学术成果进行科学审视，不断推动思想政治教育学的理论创新。

（3）以与时俱进的批判精神指导思想政治教育学建设。批判精神是推动思想政治教育学不断前行的内在动力，在与时俱进的原则下，要以批判的眼光审视现有的教学理念、内容和方法，敢于质疑、勇于反思。

第一，要对传统的思政课教学理念进行批判性反思。在过去，思政课往往被视为一种单向的知识传授过程，教师讲、学生听，缺乏互动和共鸣。在与时俱进的原则下，我们需要认识到，思政课应当是师生共同探讨、共同成长的过程，是思想碰撞、观念交融的舞台。因此，我们要摒弃传统的"填鸭式"教学理念，倡导"对话式""探究式"教学，鼓励学生在课堂上发表自己的观点和看法，与教师进行平等的交流和讨论。

第二，要对思政课的教学内容进行批判性审视。在快速发展的时代背景下，社会现象、价值观念等都在不断发生变化。因此，思政课的教学内容也应当与时俱进，及时反映时代的变化和社会的需求。我们要敢于对过时的、陈旧的教学内容进行删减和更新，引入新的、具有时代特色的教学内容，使思政课更加贴近现实、贴近生活、贴近学生。

第三，要对思政课的教学方法进行批判性创新。在传统的教学方法中，教师往往扮演着"传道授业解惑"的角色，而学生则处于被动接受的地位。在与时俱进的原则下，学生应当是思政课的主体，是教学活动的积极参与者。因此，我们要创新教学方法，采用案例分析、小组讨论、角色扮演等多种形式，激发学生的学习兴趣和积极性，使他们在参与中体验、在体验中感悟、在感悟中成长。

（4）以与时俱进的开放精神指导思想政治教育学建设。开放精神是思想政治教育学与时俱进的重要保障。在全球化、信息化的时代背景下，封闭、保守的教学理念已经无法满足学生的需求和社会的期待。因此，需要以开放的眼光看待思政课教学，积极借鉴和吸收先进的教学理念和经验。

第一，要对国外的先进教学理念进行开放性的学习和借鉴。在西方国家，思想政治教育同样受到高度重视，并形成了许多具有特色的教学理念和方法。我们可以通过学术交流、合作研究等方式，了解和学习国外的先进教学理念和方法，并结合我国的实际情况进行本土化的改造和创新。例如，可以借鉴国外的"批判性思维"教学理念，培养学生的独立思考能力和判断能力；学习国外的"服务学习"理念，将思政课与社会实践相结合，使学生在服务社会中体验和感悟思政课的真谛。

第二，要对国内其他学科的先进教学理念进行开放性的融合和创新。思政课并不是孤立存在的，它与其他学科有着密切的联系和互动。因此，我们可以积极借鉴和吸收其他学科的先进教学理念和方法，为思政课注入新的活力和内涵。例如，可以借鉴文学课的"文本解读"方法，引导学生深入解读思政课的经典文献和理论；学习历史课的"历史思维"方法，培养学生的历史意识和时代责任感。

第三，要对社会的变化和学生的需求进行开放性的关注和回应。在快速发展的时代背景下，社会现象、价值观念等都在不断发生变化，而学生的需求和期待也在不断更新和升级。因此，需要以开放的眼光看待这些变化和需求，及时调整和优化思政课的教学内容和方法。例如，可以关注社会热点和焦点问题，将其引入思政课堂进行讨论和分析；了解学生的兴趣和爱好，将其与思政课的教学内容相结合，激发学生的学习兴趣和积极性。

（5）以与时俱进的创新精神指导思想政治教育学建设。创新精神是思想政治教育学与时俱进的不竭动力。在改革创新的时代背景下，需要以创新的眼光看待思政课教学，不断探索和尝试新的教学理念、内容和方法。这意味着，要敢于突破传统的束缚和限制，勇于尝试新的教学模式和手段。

第一，要对思政课的教学理念进行创新性的重构。在过去，思政课往往被视为一种严肃的、刻板的教学过程，缺乏趣味性和生动性。在与时俱进的原则下，思政课同样可以是有趣的、生动的、引人入胜的。因此，要对思政课的教学理念进行创新性的重构，倡导"快乐学习""趣味教学"等新的教学理念，使思政课更加贴近学生的生活和情感。

第二，要对思政课的教学内容进行创新性的拓展和深化。在快速发展的时代背景下，新的社会现象、价值观念等不断涌现，为思政课的教学内容提供了丰富的素材和资源。可以将这些新的内容引入思政课堂，与学生进行深入的探讨和分析。例如，可以关注网络文化、流行文化等新的文化现象，将其与思政课的教学内容相结合，引导学生进行深入的思考和讨论。

第三，要对思政课的教学方法进行创新性的尝试和实践。在与时俱进的原则下，学生应当是思政课的主体和参与者。因此，要对教学方法进行创新性的尝试和实践，采用互动式教学、情境模拟教学等多种新的教学方法和手段，激发学生的学习兴趣和积极性，使他们在参与中体验、在体验中感悟、在感悟中成长。

2. 内容为王的原则

高校思政课教学改革是提升大学生思想政治素质的重要途径，随着时代的发展和社会需求的变化，如何将思政课内容更好地融入大学生的学习生活中，成为教学改革的核心问题。内容为王的原则在思政课教学改革中主要体现在以下方面。

（1）思政课教学内容的精准性。在思政课教学中，必须确保课程内容的准确性和权威性，以传递正确的核心价值观和意识形态。内容的精准性主要体现在以下方面：首先，内容的理论依据要准确。思政课程的内容应基于马克思主义理论、中国特色社会主义理论体系以及党的路线方针政策。教师在备课和教学中，需要紧扣这些理论基础，确保所传授的知识符合党的基本理论和政策导向，避免内容的偏差和错误传播。其次，内容的表达应简明易懂。针对大学生的认知特点，思政课教学内容需要做到通俗易懂，避免过于抽象和深奥的理论探讨。通过精准的语言表达，将复杂的理论转化为学生能够理解和接受的知识点，提高教学的有效性。最后，内容要与学生的生活实际紧密结合。思政课内容不能仅限于理论讲解，更需要结合学生的实际生活、社会热点以及时代发展，使其感受到所学知识与自身发展的紧密联系，从而提高学习兴趣和参与度。

（2）思政课教学内容的时效性。思政课教学内容的时效性是确保其吸引力和教育效果的重要因素，在高校思政课改革中，内容的时效性主要体现在以下方面：首先，课程内容要反映社会热点和时代发展。思政课程不能停留在陈旧的案例和过时的理论上，而应结合当前社会发展的新形势、新问题，及时更新教学内容，使学生能够及时了解社会的变化和发展，增强他们的社会责任感和使命感。其次，课程内容要关注学生的思想动态和现实困惑。随着社会的发展，大学生的思想观念和价值取向也在不断变化。教师应通过调查问卷、座谈会等方式了解学生的思想动态,及时调整教学内容,回应学生的现实困惑。通过贴近学生生活实际的内容,使思政课更加贴近学生的内心世界,帮助他们解决在生活和学习中遇到的困惑和问题。最后,内容的时效性还要求教师具备敏锐的社会洞察力和理论前瞻性。教师需要时刻关注社会的发展动向和思想领域的新变化,保持教学内容的前沿性和指导性。只有在内容上与时俱进,才能在思政教育中起到良好的引导作用。

(3)思政课教学内容的多样性。思政课教学内容的多样性不仅是指内容本身的丰富性,也包括内容呈现形式的多样化。这有助于提高学生的学习兴趣,增强教学的吸引力和实效性。内容的多样性主要体现在以下方面:首先,教学内容要涵盖多元化的思想资源。在马克思主义理论的主导下,思政课内容应广泛吸收人文社会科学领域的优秀成果,涵盖政治、经济、文化、法律等多个方面的知识,使学生在多元化的内容中形成全面而深刻的认知。内容多样化还包括对传统文化、革命文化、社会主义先进文化的传承与发扬,使学生能够在多维视角下认识社会和世界。其次,内容呈现形式要多样化。思政课程不应仅限于传统的讲授式教学,教师可以通过案例教学、情景模拟、视频展示、讨论互动等多种形式,使教学内容更加生动、具体。运用现代信息技术,如微课、慕课、在线讨论等手段,也能极大丰富教学内容的呈现形式,提升学生的参与感和互动性。最后,内容多样性要体现在实践教学中。思政课不仅要重视课堂理论教学,还应注重实践教学,通过社会调查、志愿服务、校内外实习等实践活动,将理论与实际相结合,帮助学生在实践中深化对课程内容的理解与认同。

3. 注重手段的原则

在当今信息化、数字化快速发展的时代背景下,高校思政课教学改革必须注重教学手段的创新与优化。注重手段的原则强调在思政课教学过程中要充分利用现代科技手段,特别是新媒体技术,来丰富教学形式,提升教学效果,从而更好地实现思政课的教学目标。

(1)利用新媒体技术,构建创新课堂。新媒体技术的快速发展为高校思政课教学改革提供了新的契机。利用新媒体技术,如多媒体教学、虚拟现实、人工智能等,可以构建出更加生动、形象、具有吸引力的创新课堂。这种创新课堂不仅能够打破传统课堂的时空限制,还能够通过丰富多样的教学形式和手段,激发学生的学习兴趣和积极性,提高教学效果。在构建创新课堂的过程中,教师可以充分利用多媒体教学资源,如图片、音频、视频等,来辅助教学,使抽象、枯燥的思政理论知识变得具体、生动。教师还可以利用虚拟现实技术,创设出与思政课程内容相关的虚拟场景,让学生在虚拟场景中进行体验式学习,从而加深对课程内容的理解和记忆。人工智能技术的应用也可以为创新课堂的构建提供有力支持,如通过智能推荐系统为学生推荐个性化的学习资源,通过智能答疑系统为学生提供及时的学习帮助等。

(2)利用网络课堂结构,开拓教学空间。网络课堂结构的出现,为高校思政课教学改革提供了新的教学空间。利用网络课堂结构,可以打破传统课堂的物理空间限制,将教学活动延伸到更广阔的网络空间中。这种延伸不仅扩大了教学资源的共享范围,还为学生提供了更加灵活、便捷的学习方式。在网络课堂结构中,教师可以利用网络平台进行在线授课、答疑、批改作业等教学活动,学生则可以通过网络平台进行自主学习、协作学习、探究学习等。这种教学方式不仅提高了教学效率和效果,还培养了学生的自主学习能力和协作精神。网络课堂结构还为师生之间的即时互动和反馈提供了便利条件,有助于教师及时了解学生的学习情况和问题,并进行针对性的指导和帮助。

(3)拓展课堂教学内容,调动学生思政学习激情。为了更好地调动学生的思政学习激情,高校思政课教学改革必须注重课堂教学内容的拓展和延伸。首先,为激发学生兴趣,教学方案需要改良。传统的思政课教学往往注重理论知识的传授而忽视了学生的兴趣和需求。因此，在改革过程中，教师应注重了解学生的兴趣和需求，并据此改良教学方案。例如，可以通过引入案例分析、小组讨论等教学形式来增强课程的互动性和趣味性；通过设置悬念、提出问题等方式来引导学生主动思考和探究。其次，思政教学不仅限于课堂，也可以进行课后延伸。课后延伸是巩固和深化课堂教学内容的重要手段。教师可以通过布置课后作业、组织社会实践活动等方式来引导学生进行课后延伸学习。例如，可以让学生针对某一社会热点问题进行调查研究并撰写调查报告；组织学生参加志愿服务等社会实践活动来培养他们的社会责任感和公民意识。最后，教师应具备灵活运用思政知识的能力，构建完整的知识体系。这要求教师不仅要掌握扎实的思政理论知识，还要具备将理论知识与实际问题相结合的能力。在教学过程中，教师应注重引导学生将所学的思政知识应用于实际问题的解决中，从而巩固他们对知识的掌握并培养他们的实践能力；注重构建完整的知识体系，将不同章节、不同课程之间的内容进行有机整合和串联，使学生能够更好地理解和掌握整个思政课程体系。

（4）结合新媒体技术，提升教学效果。新媒体技术的快速发展为高校思政课教学效果的提升提供了新的可能。结合新媒体技术进行教学改革已经成为当前高校思政课教学改革的重要趋势。首先，新媒体技术可以为思政课提供更加生动、形象的教学资源。通过利用新媒体技术制作的教学课件、视频等教学资源，可以将抽象的思政理论知识以更加直观、生动的方式呈现出来，从而激发学生的学习兴趣和积极性。其次，新媒体技术还可以为思政课提供更加便捷、高效的教学方式。例如，利用网络平台进行在线授课、答疑等教学活动可以打破时空限制，使学生能够更加灵活地进行学习；利用智能推荐系统为学生推荐个性化的学习资源，可以根据学生的学习情况和需求进行定制化推荐，从而提高学习效果。最后，新媒体技术可以为思政课提供更加全面、客观的教学评价。通过利用大数据、人工智能等技术对学生的学习过程和学习成果进行数据采集和分析，可以更加全面、客观地了解学生的学习情况和问题，并为教师提供针对性的教学改进建议。这有助于教师及时调整教学策略和方法，提高教学效果和质量。

（二）高校思政课教学改革的提质增效

思政课在高校教育中承担着关键的育人任务，是落实"立德树人"根本任务的核心课程。随着教育环境和社会需求的不断变化，高校在思政课教学改革中必须关注提质增效。

第一，课程内容与形式的创新。为实现思政课的提质增效，必须从课程内容与形式的创新入手。传统思政课常面临"重理论、轻实践"的问题，因此需要将思想政治教育的理论与实际应用紧密结合。首先，要深入挖掘和融入习近平新时代中国特色社会主义思想，将其贯穿于思政课程的各个环节，不断更新和完善教材内容，使其能够反映时代的发展和社会的变迁。其次，要将课程内容与当代社会热点问题相结合，通过引入社会实际案例、时事热点等，使学生能够在真实的社会背景下进行思考和讨论。课程形式上，则需注重课堂互动与学生参与，采用案例分析、角色扮演等多样化教学方法，以提升学生的学习兴趣和参与度。

第二，教师队伍的建设与管理。提升思政课质量的关键在于教师队伍的建设和管理。首先，要严格教师准入制度，确保思政课教师具备良好的政治素养和教学能力。政治考察一票否决制的实施，有助于筛选出真正符合要求的教师。其次，建立健全教师培训和考核机制，通过集体备课、岗位实践等方式，提升教师的教学能力和师德水平。定期的教学质量评估和课件推广活动，可以有效激励教师不断创新，分享和推广优质教学资源，推动整体教学水平的提升。

第三，课程思政与思政课程的有机结合。实现思政课程的提质增效，需要将课程思政与思政课程有机结合。首先，要明确每门课程的育人内涵，将思政教育融入各专业课程中，形成从思政课程到课程思政的有效衔接。专业课程教师应承担起思想政治教育与技能培养的双重职责，在授课过程中注重渗透思想政治教育内容，使每门课程都能够体现出育人的价值。其次，建立双带头人制度，由学术带头人担任党支部书记，既能够加强思想政治教育的组织保障，又能促进专业课程教学的深入开展。

第四，实践教学的深入推进。实践教学是提升思政课教学效果的重要途径。首先，应将理论教学与实践教学相结合，充分发挥社会实践在思想政治教育中的作用。通过组织社会调研、志愿服务等活动，让学生在实践中体验和理解理论，增强其社会责任感和使命感。其次，要坚持将思政课教学与党建工作实践、文明创建实践、实习实践等结合起来，形成多层次、多维度的实践教学体系。例如，建立"微阵地"学生公寓站点和"微社团"志愿服务团队，能够使学生在具体的实践活动中增强党性修养和社会责任感。通过文明校园创建、实习实践等活动，将课堂上学到的知识与社会实际相结合，提升学生的综合素质和实践能力。

第五，制度保障与全员育人。推进思政课教学改革的提质增效，离不开制度保障与全员育人的支持。首先，要建立健全的制度保障体系，明确党委的领导核心地位，完善党委领导下的校长负责制，确保思政教育工作能够有效实施。其次，将思政工作纳入高校人才队伍建设规划，推动教师的专业化职业化建设。通过系统的师德师风考评和年度目标考核体系，使每位教师都能够成为思政课教学的积极参与者，实现全员育人。最后，构建课程思政育人、思政课程育人、科研育人、实践育人等多元化育人体系，使各类课程和活动相互配合，共同推动学生全面发展。

二、高校思政课教学改革的创新实践

（一）高校思政课教学改革需要线上线下结合

1. 线上线下混合教学模式在思政课教学中运用原则

线上线下混合教学模式作为一种新型的教学模式，其在思政课教学中的运用需要遵循一定的原则，以确保教学效果的最大化。具体而言，这些原则包括教师主导原则、学生主体原则以及分散集中原则。

（1）教师主导原则。在线上线下混合教学模式中，教师的主导作用不容忽视。尽管线上教学为学生提供了更加自主、灵活的学习方式，但教师的引导和指导仍然是不可或缺的。教师需要在线上教学平台上发布教学资源、设计教学活动，并在线下课堂中进行深入的讲解和讨论；根据学生的学习情况和反馈，及时调整教学策略和方法，以确保教学目标的实现。教师主导原则的实施要求思政课教师具备较高的专业素养和教学能力。他们需要熟悉线上教学平台的使用，掌握现代信息技术的基本技能，以便更好地设计和实施线上线下混合教学模式；不断更新教学理念和方法，关注学生的学习需求和兴趣点，以更加生动、有趣的方式呈现思政课程内容。

（2）学生主体原则。线上线下混合教学模式强调学生的主体地位和主动性。在这一模式下，学生不再是被动的知识接受者，而是积极的知识探索者和实践者。他们需要在线上教学平台上自主完成学习任务、参与讨论和交流，并在线下课堂中进行深入思考和探究。通过线上线下相结合的方式，学生可以更加全面地了解和掌握思政课程内容，并将其应用于实际生活中。学生主体原则的实施需要思政课教师注重培养学生的学习能力和实践能力。教师需要设计具有挑战性和探究性的学习任务和活动，引导学生主动思考和解决问题；关注学生的个体差异和学习需求，提供个性化的指导和帮助。通过这样的方式，学生可以更加积极地参与到思政课的学习中，实现自我发展和成长。

（3）分散集中原则。线上线下混合教学模式需要遵循分散集中原则。这一原则要求思政课教师在设计和实施教学模式时，既要注重线上教学的分散性，又要注重线下教学的集中性。线上教学可以为学生提供更加灵活、自主的学习方式，让他们可以根据自己的时间和进度进行学习。而线下教学则可以为学生提供更加深入、系统的讲解和讨论，帮助他们更好地理解和掌握思政课程内容。分散集中原则的实施需要思政课教师注重线上线下教学的有机结合。教师需要根据课程内容和教学目标，合理安排线上教学和线下教学的比例和时间；关注线上教学和线下教学之间的衔接和过渡，确保学生在不同教学环境中都能够保持学习的连贯性和有效性。通过这样的方式，线上线下混合教学模式可以充分发挥其优势，提升思政课的教学效果和质量。

2. 线上线下混合教学模式在思政课教学中应用方式

线上线下混合教学模式作为一种创新的教学方式，其在思政课教学中的应用需要明确的设计基础、有效的实施保障以及有序的教学流程。

（1）教学模式设计的基础——准确界定课程性质。线上线下混合教学模式的设计首先需要准确界定课程的性质。思政课作为高校的一门重要课程，其性质具有特殊性，它不仅是知识的传授，更是价值观的培养和思想的引导。因此，在设计线上线下混合教学模式时，必须充分考虑思政课的这一性质，确保教学模式与课程目标的高度契合。准确界定课程性质要求思政课教师在设计教学模式时，要深入分析课程的教学内容、教学目标以及教学要求，明确课程的核心价值和主要任务。教师还需要关注学生的学习需求和兴趣点，以确保教学模式能够满足学生的实际需求，激发学生的学习兴趣和积极性。通过这样的方式，线上线下混合教学模式可以更好地服务于思政课的教学，实现课程目标的有效达成。

（2）教学模式实施的保障——合理选取设计维度。线上线下混合教学模式的实施需要合理地选取设计维度作为保障。设计维度的选择直接关系到教学模式的实施效果和教学质量。因此，在选取设计维度时，必须充分考虑思政课的特殊性和学生的实际需求。合理选取设计维度要求思政课教师在实施线上线下混合教学模式时，要从多个维度进行综合考虑。这些维度包括教学内容的选择与组织、教学方法与手段的运用、教学资源的整合与利用、教学评价的设计与实施等。教师需要根据课程性质和教学目标，合理选择和设计这些维度，以确保教学模式的实施能够取得预期的效果。合理选取设计维度还要求思政课教师注重与现代信息技术的融合。线上线下混合教学模式充分利用了现代信息技术的优势，教师在选取设计维度时，要充分考虑如何更好地利用信息技术手段来支持教学模式的实施。例如，可以利用网络平台进行在线授课、答疑和讨论，利用多媒体技术来丰富教学资源等。

（3）教学模式实施的流程——有序开展教学环节。线上线下混合教学模式的实施需要有序地开展教学环节。教学环节的有序性直接关系到教学模式的实施效果和学生的学习体验。因此，在实施线上线下混合教学模式时，必须注重教学环节的有序性和连贯性。有序开展教学环节要求思政课教师在实施线上线下混合教学模式时，要精心设计并合理安排每一个教学环节。这包括线上教学环节的自主学习任务设计、在线讨论与交流的组织、学习资源的提供与整合等，以及线下教学环节的课堂讲解与讨论、实践活动的设计与组织、学习成果的展示与评价等。教师需要确保每一个环节都能够紧密围绕课程目标展开，并且能够相互衔接、相互支持，形成一个完整的教学过程。有序开展教学环节还要求思政课教师注重教学过程的灵活性和适应性。线上线下混合教学模式强调学生的主体地位和主动性，教师在实施教学模式时，需要关注学生的学习进度和反馈，及时调整教学策略和方法，以确保教学过程的顺利进行。例如，可以根据学生的学习情况和需求，灵活调整线上教学环节的任务量和难度，或者根据课堂讨论的情况，适时调整线下教学环节的内容和形式。通过这样的方式，线上线下混合教学模式可以更好地适应学生的学习需求，提升教学效果和质量。

（二）高校思政课教学改革的创新实践需要理论联系实践

在新时代背景下，高校思政课教学改革创新是落实"立德树人"根本任务的重要举措。理论联系实践的路径，不仅能够提升教学效果，还能更好地实现思政课的教育目标。

第一，理论阐释路径。在推进思政课教学改革时，需要在理论阐释上明确"理论—政策—对策"的研究路径。这包括以下方面：首先，基础理论研究：从本体论的角度阐明"是什么"的问题，解析新时代思政课教学改革的理论要素、组成结构和内容体系；从价值论的角度阐明"为什么"的问题，探讨思政课的重要作用、功能价值和时代意蕴；从方法论的角度阐明"怎么办"的问题，推动改革创新的具体实施。其次，政策基础研究：加强对坚持马克思主义在意识形态领域指导地位的制度研究，推动社会主义核心价值观引领文化建设的制度研究；构建全员全过程全方位育人体制机制，推进大中小一体化、本硕博一体化、老中青队伍建设一体化等政策制度研究，以增强思政课改革创新的政策支持。最后，政策对策研究：对思政课教学改革政策的执行、认同和效果进行评价，提供政策执行和操作建议，以确保思政课改革创新能够真正落地落实。

第二，认知认同路径。思政课教学改革创新涉及多元利益主体，包括领导班子、职能部门、教师和学生等。深化这些主体的认知认同是推进改革创新的重要环节。具体包括以下内容：首先，引起多元主体注意与感受：明确思政课的主体责任，加强党政领导班子、思想政治教育职能部门、教师主体的党性观念与责任意识，通过学习领会拓展学习广度和深度。发挥多元主体合力作用，注重价值塑造与知识传授、能力培养的融合，引导学生以德立身、以德立学。其次，引导多元主体分析与理解：深刻把握思政课教学改革创新的内在逻辑和内容要求，推动多元主体利用感受与体会加以分析，将感性理解上升为理性认识，推动思政课教学实现"主体客体化与客体主体化"的双向互动。最后，引领多元主体选择与接受：围绕贯彻落实思政课教学改革要求，充分发挥平台载体的传播作用，抓住学校领导干部和学生两个关键群体，推动内化外化和知行合一的统一，在实际操作中见效。

第三，实践运行路径。思政课是落实"立德树人"根本任务的关键课程，需要以战略思维、创新思维、辩证思维、法治思维和底线思维来推动改革创新。首先，树立全局观念：坚持把"立德树人"作为中心环节，把思想政治工作贯穿教育教学全过程，推动学校思想政治工作教学体系、队伍体系、课程体系、人才培养体系等协同创新。其次，整合教学资源：整合课堂教学与日常思想政治教育、线上与线下、课内与课外、校内与校外的育人渠道和载体，加强教师队伍建设，提高教师科学研究和教书育人水平。最后，加强文化教育：加强中华优秀传统文化教育，将文化育人与社会主义核心价值观宣传教育结合起来，强化思想政治教育传统优势与新媒体新技术的高度融合，加强网络阵地建设和舆论引导，形成多方协同的长效机制。

第四，制度推进路径。推进思政课教学改革创新需要从制度上提供保障，具体包括以下内容：首先，坚持党委领导核心地位：完善党委领导下的校长负责制，履行管党治党、办学治校的主体责任，严格执行和维护政治纪律、政治规矩。其次，构建"大思政"领导体制：加强构建党委统一领导、党政齐抓共管、宣传部门牵头协调、相关部门分工负责、各级党组织上下联动、广大干部师生共同参与的"大思政"领导体制和工作机制。最后，推进队伍建设：将思想政治工作队伍纳入高校人才队伍建设总体规划，推进专业化职业化的队伍建设体系，整合思政课堂教学主渠道和日常思想政治教育主阵地，打造思政课程与课程思政协同育人的课程体系。

通过以上四个方面的路径，能够有效推动高校思政课教学改革创新，将理论联系实践，全面落实"立德树人"的根本任务。这不仅提升了思政课的教学效果，也为高校思想政治工作的健康发展提供了有力保障。

第二节　高校心理健康教学方法改革与创新发展路径

高校心理健康教育在提升大学生心理素质、促进其身心健康和谐发展中扮演着重要角色。作为思想政治教育的重要组成部分，心理健康教育不仅是素质教育的重要内容，还在实现"立德树人"和培养全面发展的社会主义建设者和接班人方面具有关键作用。目前高校心理健康教育过程中依然存在教育方式和方法上的问题，影响了教育效果，在此背景下，改革和创新高校心理健康教育方法显得尤为重要。高校心理健康教学方法改革与创新发展路径如下。

一、改革心理健康课程设置和创新教学方法

（一）改革心理健康课程设置

心理健康教育课程是高校心理健康教育的主要渠道。教育部多次下达相关文件，要求课程设置为2个学分，学时设置为32～36小时。然而，调查显示，只有59.05%的高校符合这一要求。因此，高校应将心理健康教育课程纳入整体教学计划，确保大一新生必须修读32～36学

时的必修课程。此外，还应根据各年级学生的心理特点、发展规律和面临的问题，有针对性地开设心理健康选修课和辅修课，使心理健康教育课程相互衔接，形成体系，贯穿整个大学阶段。为了确保课程内容的科学性和实效性，还应对教材内容进行研究，组织编写示范教材，有条件的高校还应根据自身特点与实际情况科学添加教学内容。

（二）创新心理健康教学方法

创新教学方式方法是提高心理健康教育效果的重要手段。有效利用在线课程、慕课和微课等教学方式，可以显著提升心理健康教育课程的教学效果。在线课程具有不受时空限制、模拟现场教学、传播方便、形式多样等优点。在使用在线课程进行心理健康教育时，应做好课程整体准备，包括教学内容、教学设计、资源和设备等；注意课程互动、答疑和考评，确保在线课程与线下课程的无缝接轨，从而提高大学生心理健康素养与积极心理品质。慕课具有开放性、共享性、规模性和资源丰富等特点，对心理健康教育线下课程起到了良好的补充作用。在使用慕课提升心理健康教育课程实效性时，应根据学生的特点和需求选择合适的课程，以激发学生的学习自主性；充分利用慕课搭建的桥梁，促进师生交流互动，营造良好的教学氛围，提升课程的实效性。利用慕课的反馈系统，可以及时指导学生解决学习问题和实际困扰，并通过测评系统有效进行课程管理。微课具有针对性强、吸引力强、时间短和精辟等特点，是提升心理健康教育课程实效的有效方式。在使用微课时，应运用多种表达方式和素材提升其吸引力，了解微课的适用范围，并建设微课资源库，如与微课匹配的教案、作业、课件、分析和总结等；从教学过程和学习效果两方面做好微课评价，以便进一步改进微课效果。

二、完善活动设计与创新第二课堂活动方式

（一）完善第二课堂活动设计

为提升高校心理健康教育的效果，需对第二课堂活动进行科学设计和优化。活动的目标和内容应确定。例如，心理情景剧比赛的主题和内容应紧扣心理品质的培养与发展，避免偏离主题变成单纯的娱乐表演。活动方式的选择应科学合理，依据学生的心理特点和发展需求，采用他们喜闻乐见的形式。积极心理品质如感恩和宽恕的培育，采用讲座或会议的方式可能吸引力不足，而通过户外素质拓展和心理游戏则更具体验性和吸引力，效果更佳。宣传力度也是提升参与率的关键。应采取多样化宣传方式，并通过实际奖励（如第二课堂加分、小礼品等）鼓励学生积极参与，走出宿舍和网络。教师指导也是不可或缺的部分。心理健康专职教师应提供专业指导，确保活动按主题要求有序进行；激发朋辈心理辅导员和社团骨干的创造性和积极性，鼓励他们策划和组织活动，增加活动的多样性和吸引力。完善活动的评价指标至关重要。目前，高校心理健康教育活动评价体系不健全，难以对活动效果进行评估和经验总结。因此，应尽快建立完善的评价体系，加强对心理健康教育活动的考评，确保活动质量和效果的提升。

（二）创新第二课堂活动方式

创新第二课堂活动方式是提升心理健康教育效果的重要途径。高校可以开展主题教育系列活动，如"世界精神卫生日""世界睡眠日"和"5·25大学生心理健康日／月"等，将其打造为系列化的品牌活动，提高学生的参与率和对心理健康的关注意识。首先，文艺和体育活动方式也是有效的心理健康教育手段。通过心理情景剧、微电影创作、音乐舞蹈和风筝节等丰富多彩的文艺活动，可以潜移默化地促进大学生人格健康发展。而心理运动会和户外素质拓展等体育活动，则有助于增强人

际交往，培养学生的韧性和乐观等积极心理品质。其次，竞赛活动同样具有教育意义。通过心理健康知识竞赛、征文比赛和摄影大赛等形式，可以培养大学生的创造力、正当竞争意识和团队精神，促进他们积极心理品质的发展。最后，网络新媒体的运用也不容忽视。高校心理健康教育与咨询中心可以通过公众号、微博和短视频等平台，在大学生的碎片化时间内进行心理健康教育，扩大教育覆盖面和影响力。以社会实践为基础的活动方式，如志愿活动和公益活动，能够培养大学生的奉献精神、利他主义和亲和力，有助于将所学知识和观点升华，形成积极的人生观和价值观。通过这些创新活动方式，可以全面提升大学生的心理健康水平，实现心理健康教育的目标。

三、改革创新心理咨询与辅导工作方式方法

（一）改革心理咨询与辅导工作方式

为提升高校心理咨询与辅导的效果，需要从多方面进行改革和创新。首先，加强宣传教育工作至关重要。通过橱窗、海报、公众号、通知、小手册、现场参观等多种方式进行宣传，可以有效引导学生正确认识心理咨询与辅导，消除对心理问题与疾病的"污名化"，帮助学生形成正确的态度，并增强他们使用心理咨询与辅导服务的意愿。其次，完善咨询预约制度，合理安排心理咨询与辅导时间。安排朋辈心理辅导员课后在心理咨询预约接待室值班，并适当安排专职教师在晚上和下班时间进行心理咨询，同时安排兼职教师在周末提供心理咨询服务。这种灵活的安排有助于更好地满足学生的需求。再次，建立咨询与辅导分流制度也是必不可少的。在咨询预约登记时进行分流，支持性问题应安排朋辈心理辅导，一般心理问题和发展性心理问题则应由二级学院心理辅导站处理，而严重心理问题则应安排到心理健康教育与咨询中心进行专业咨询。这样可以最大限度地利用心理咨询与辅导资源，合理安排咨询服

务。最后，还应开展二级学院心理辅导与朋辈心理辅导工作。完善二级学院心理辅导工作，在二级学院设立心理辅导室，解决学生的一般心理问题和发展性心理问题。在二级学院心理辅导站的指导下，针对需要理解和支持的大学生开展朋辈心理辅导工作。此外，合理安排团体辅导活动也是提升心理健康教育效果的重要举措。心理健康教育与咨询中心应安排专人负责团体辅导，主要负责常见不良心理问题的团体矫治。二级学院心理辅导站在心理健康教育与咨询中心的指导下开展团体辅导，主要侧重于促进学生积极心理的发展，如心理韧性、感恩、幸福感、宽恕、希望等。

（二）创新心理咨询与辅导工作方法

在改革传统心理咨询与辅导工作的基础上，创新方法是进一步提升服务质量的关键。首先，应建设高校在线心理咨询服务平台。通过建设在线测评系统，提供在线预约，并提供文字、语音、视频等必要的在线咨询服务，可以更好地满足学生的多样化需求。其次，推广计算机化辅助心理咨询系统也非常重要。例如，基于手机APP或网页的计算机化认知行为治疗，具有高度结构化、能随时监控进展及疗效的特点，已被证明能有效改善青少年的情绪困扰与障碍。此类系统的推广可以提升心理咨询的效率和效果。最后，推进虚拟现实技术在大学生心理咨询中的应用具有重要意义。虚拟现实技术应用于心理咨询具有安全可控、治疗迁移效果好、经济效益高等优点，特别适合于大学生社交焦虑、特定恐惧、创伤等常见焦虑类问题或障碍的矫治。通过虚拟现实技术，学生可以在安全、可控的环境中进行情景模拟和练习，逐步克服心理障碍。

四、完善创新心理健康的危机预防干预体系

（一）完善心理健康的危机预防干预体系

为了有效预防和干预高校学生的心理危机事件，完善心理健康的危机预防干预体系是至关重要的。每学期应进行一次全面的心理普查，对筛查出的学生进行及时的干预和分级预警，特别是对新生、毕业生、贫困生群体的心理状态给予更多关注。情感恋爱问题、创伤问题、行为异常问题等学生的心理援助也需要得到重视和强化。建立健全的心理档案是心理危机预防的重要基础。心理健康教育与咨询中心应为每位学生建立详细的心理档案，二级学院心理辅导站也应根据学院学生的家庭情况和个性特点建立相应的心理档案。这些档案不仅有助于了解学生的心理状态，还能为后续的心理干预提供重要的参考和依据。四级心理健康网络（心理咨询中心、二级学院、班级、宿舍）是心理危机预防的基础，应充分发挥其作用。通过这个网络，可以及时发现和干预学生的心理问题，防止问题进一步恶化。还应建立心理咨询中心、二级学院、保卫处等相关职能部门的协作机制，制定危机干预预案，以应对可能出现的突发心理危机事件。通过这些措施，可以建立起一套完整、高效的心理危机预防和干预体系，为学生的心理健康保驾护航。

（二）创新心理健康的危机预防干预体系

在完善现有心理健康的危机预防干预体系的基础上，创新是提升心理危机干预效果的重要途径。首先，应构建"守门人"危机预防干预体系。"守门人"是指那些与可能发生危机事件的学生有密切接触、容易发现危机征兆的人群。通过对"守门人"进行系统培训，可以提高他们识别和干预心理危机的能力，从而有效预防危机事件的发生。这一方法在美国等发达国家的高校中已经得到广泛应用，证明了其有效性。其次，应建立"校—医"合作的干预模式。高校心理健康教育与咨询中心

应聘请精神科医生坐诊，指导精神疾病的诊疗工作。完善高校与医院的对口转介机制，确保需要专业治疗的学生能够及时得到医疗救助。高校应推动与医疗系统人员的交流与合作，提升危机干预的整体效果。最后，与非营利性社会团体或公益性组织的合作也是创新危机预防干预体系的重要组成部分。可以搭建学校与社会心理健康服务平台，共同建设24小时危机干预心理热线，为学生提供全天候的心理支持和帮助。通过与这些组织的合作，可以弥补高校心理健康服务的不足，提供更全面、更及时的心理危机干预服务。

五、构建与推进高校心理健康教育平台建设

（一）搭建"大思政"心理健康教育平台

高校心理健康教育的改革与创新应注重构建"大思政"心理健康教育平台。这一平台的建立需要从三个方面着手。首先，应形成一支具有心理健康教育能力的"大思政"队伍。打破高校思想政治教育队伍与心理健康教育队伍之间的壁垒，将思想政治教育教职工纳入心理健康教育的队伍中，共同提升其心理健康教育的能力。这样一来，不仅可以增强教育队伍的整体素质，还能在教育过程中更全面地关注学生的心理健康。其次，应提高"大思政"队伍的心理健康教育意识，使其在日常工作中能够自发地开展心理健康教育。这需要通过多种方式，增强他们对心理健康教育重要性的认识，使心理健康教育成为他们日常工作的一个自然部分。最后，应对思想政治教育专职教师、辅导员等"大思政"教育队伍进行相应的培训，使其掌握心理健康教育的技能。通过系统的培训，这些教职工不仅能够更好地理解和应对学生的心理问题，还能在日常教学和辅导工作中有效地运用心理健康教育的知识和方法，帮助学生提升心理素质。除了队伍建设外，搭建心理健康教育学科融合平台也是关键。在各学科的教学目标上，应融入心理健康教育的内容，通过教学内容与

教学活动的融合，提升学生的心理健康意识和能力；在教学评价中体现心理健康教育的要求，确保心理健康教育贯穿于整个教学过程。

（二）构建家庭—学校—社会协同的心理健康教育平台

高校心理健康教育平台的建设还应包括家庭、学校和社会的协同合作。这一平台的构建旨在防治心理健康问题、培育积极心理品质，以高校为核心，推动家庭、学校和社会的通力合作，实现相互促进、互为补充的心理健康教育目标。具体而言，可以从三个方面进行构建。首先，要建立"家庭—学校—社会"合作的心理健康教育平台。高校应发挥主导作用，建立家校沟通渠道，构建家校合作平台，指导家庭教育。通过这种方式，可以有效地将学校的心理健康教育与家庭的教育相结合，形成合力，共同促进学生的心理健康发展。其次，家长应树立家庭心理健康教育的责任意识。家庭是学生心理健康成长的重要环境，家长需要为学生提供有利的心理健康成长环境。根据学生的个性特点，家长应开展有针对性的心理健康教育，帮助学生建立积极健康的心理状态。最后，社区心理服务的作用也不可忽视。应加快基层社区心理健康服务站的建设，开展社区心理健康教育活动，营造良好的社区心理健康教育氛围。社区心理服务不仅可以为学生提供更多的心理支持，还能在社会层面培育自尊、自信、理性平和、积极向上的社会心态。

◎ 教育重塑：高校教学改革及其创新实践

第三节　高校英语教学设计的优化改革与学习方式创新

一、高校英语教学策略与过程设计的优化改革

（一）高校英语教学策略设计的优化改革

1. 高校英语教学策略设计优化改革的必要性

在全球化背景下，英语作为一种全球交流的主要工具，其重要性不断上升。这一趋势使得高校英语教学面临前所未有的挑战与机遇。为了提升教学质量并培养具备国际视野及跨文化交流能力的优秀人才，高校英语教学策略的设计和优化改革显得尤为必要。这一改革的必要性体现在以下几个方面。

（1）提升教学质量的必要性。高校英语教学策略的优化改革直接关系到教学质量的提高。传统的英语教学模式往往过于依赖于教师主导和固定的教材内容，这种方式难以激发学生的学习兴趣和自主性。优化改革的关键在于引入现代教学理念，如以学生为中心和任务导向的教学策略。这种策略注重学生的实际需求和兴趣，有助于提高他们的学习动机和参与度。现代化的教学手段，如多媒体和网络技术的运用，可以丰富课堂内容和教学形式，使教学过程更加生动和有趣。通过这些手段，可以有效提高学生的语言能力和综合素质，从而提升整体的教学质量。

（2）促进学生综合素质发展的必要性。优化高校英语教学策略的改革不仅有助于提升语言教学的质量，还有助于学生综合素质的培养。

第六章　高校教学改革多元化及其创新实践探索 ◎

在改革过程中，应更加关注学生的实际需求和兴趣，通过设计与实际生活紧密相关的教学内容和活动，帮助学生将所学知识有效地应用于实际情境中。这种方法能够增强学生的语言运用能力和跨文化交际能力。通过引入多媒体和网络等现代化教学工具，可以拓宽学生的视野，增加他们对英语文化和知识的接触。这种全面的教育方式不仅能提升学生的批判性思维和创新能力，还能够促进他们成为具备国际视野和跨文化交际能力的高素质人才。这样的综合素质培养，有助于学生更好地适应快速变化的社会需求，提高他们的社会适应能力和竞争力。

（3）适应时代发展的需求。随着全球化进程的推进和信息技术的飞速发展，英语作为国际交流的重要工具，其教学方法和内容也需要不断更新和调整。高校英语教学策略的优化改革，是应对时代变迁的必然要求。现代社会对英语人才的需求不仅限于基本的语言能力，还要求具备跨文化沟通和国际化视野。为了满足这些要求，高校英语教学必须紧跟时代步伐，更新教学内容和方法，引入新的教学理念和技术手段。这种改革不仅能帮助学生掌握英语的实际应用，还能培养他们在国际舞台上的沟通能力，从而为国家的国际化发展作出贡献。

2. 高校英语教学策略设计优化改革的实践

在全球化及信息技术迅速发展的背景下，高校英语教学的优化改革显得尤为迫切。为应对新时代对英语教育提出的新要求，高校需要在教学策略设计上进行深入的实践和改革。

（1）注重学生的实际需求和兴趣。高校英语教学策略优化的首要任务是将教学重心从传统的教师主导转向以学生为中心，这一转变要求教师充分关注学生的个体差异，如学习风格、兴趣爱好和语言基础，并根据这些差异制定个性化的教学策略。个性化教学能够确保教学内容和方法与学生的实际需求相契合，从而提升学生的学习兴趣和积极性。

第一，教学活动的设计应融入日常生活元素，以使学生能够将所学知识有效应用于实际情境。通过科学、系统的学习需求分析，教师可以准确把握学生的学习需求，并据此确定合理的学习目标。"确定学习目标需要结合社会需求和个人发展需求，充分考虑可以利用的各种资源（教师、学生、教学设施、教学媒体、教学材料、教学经费等）和各种相关的促进与制约因素，确定合理的、科学的学习目标。"[1]例如，在教学内容选择上，教师可以将学生的校园生活、家庭生活和社会生活融入教学案例中。通过选取与学生生活密切相关的英语材料，如新闻报道、广告和社交媒体帖子等，教师能够让学生在了解英语国家文化和习俗的同时，感受到英语的实用性和趣味性。

第二，课外教学实践活动的组织也是优化教学策略的重要环节。课堂教学之外，教师可以通过组织英语演讲比赛、英语角、英语话剧表演等活动，为学生提供更多的实践机会。这些活动能够在真实的语境中促进学生的语言运用，提高他们的口语表达能力和交际能力。这种实践活动不仅丰富了学生的英语学习体验，还增强了他们的语言实际应用能力。

（2）利用多媒体和网络等现代化教学手段。现代化的教学手段在高校英语教学策略优化改革中扮演着重要角色，多媒体和网络技术的应用，可以极大地丰富教学内容和形式，提高教学效果。

第一，多媒体教学资源的应用能够使教学内容更加直观、生动和形象。教师可以利用多媒体课件、在线课程等资源，通过图像、音频和视频等多种形式的呈现方式，使学生更直观地理解英语知识。这些资源不仅可以帮助学生理解抽象概念和复杂句型，还能激发他们的学习兴趣和积极性。多媒体技术的应用，使教学过程更加丰富多样，提高了学生的学习体验。

---

[1] 张金焕. 高校英语教学设计优化与模式改革研究[M]. 长春：吉林人民出版社，2021：17.

第二，在线教学和辅导的应用提供了灵活且个性化的学习方式。随着信息技术的发展，网络已成为获取信息的重要渠道。教师可以利用网络平台进行在线教学和辅导，使学生能够随时随地进行学习。在线教学的灵活性不仅可以满足不同学生的学习需求，还能够及时解答学生的疑问，提高学习效率和自信心。这种方式有效补充了传统教学的不足，增强了教学的个性化和互动性。

第三，社交媒体的互动与交流在现代英语教学中发挥着重要作用。教师可以利用社交媒体与学生进行互动，及时了解学生的学习情况和需求。通过社交媒体平台，教师可以发布学习资源和教学动态，指导学生参与讨论和分享经验。这种互动不仅可以增强师生之间的沟通，还能帮助教师及时获取学生的反馈，优化教学策略。

第四，虚拟现实和增强现实技术的应用为英语教学开辟了新的领域。虚拟现实和增强现实技术能够创建沉浸式的语言学习环境，使学生仿佛置身于英语国家的真实场景中。通过虚拟旅行、模拟对话等形式的学习活动，学生能够更深入地了解英语国家的文化和习俗。这种技术的应用不仅可以提高语言运用的准确性和得体性，还能使学生的学习过程更加生动和有趣。

（二）高校英语教学过程设计的优化改革

传统的高校英语教学过程设计通常侧重于知识的传授，而忽视了学生的主体地位和个体差异，这在一定程度上制约了学生的全面发展。随着教育需求的变化，优化和改革高校英语教学过程设计显得尤为重要。首要任务是对教学理念进行更新，以适应现代教育的发展趋势。

第一，以学生为核心的教学理念。现代教育理念的核心在于强调学生的主体性和自主性。在高校英语教学过程中，教师需要转变传统的教学观念，转向以学生为中心的教学模式。这一理念要求教师充分关注学生的需求和兴趣，尊重学生的个体差异，并努力促进他们的全面发展。

以学生为中心的教学理念首先要求教师激发学生的学习兴趣和积极性。教师应设计多样化的教学活动,如小组讨论、角色扮演和项目合作,帮助学生在参与中感受到英语学习的乐趣。这种教学方式不仅能提高学生的参与度,还能增强他们的自主学习能力。教师还应关注学生的情感需求,创造一个积极向上的课堂氛围,让学生在轻松愉悦的环境中学习英语。这种教学理念不仅有助于提高学生的学习效果,还能培养他们的自主学习能力和团队合作精神。通过以学生为中心的教学,学生能够更好地发挥其潜力,实现个人的全面发展。

第二,实践应用导向的教学理念。英语作为一门具有高度实用性的学科,其教学不仅在于知识的传授,更在于培养学生的语言交际能力。在高校英语教学过程中,教师应强调实践应用导向的教学理念,注重学生语言交际能力的培养。实践应用导向的教学理念要求教师将语言知识的教学与语言交际能力的培养相结合。教师应设计具有实际意义的英语项目,这些项目可以涵盖日常生活、工作和学习等多个领域,让学生在完成项目的过程中应用和巩固英语知识。教师还应鼓励学生参与各种英语实践活动,如演讲比赛、英语角和话剧表演等,通过实践提高语言交际能力。这种教学理念不仅能够提升学生的语言实际运用能力,还能帮助他们更好地适应未来的职业和社会需求。通过实践应用导向的教学,学生能够在真实的语言环境中进行练习,增强其语言交际能力和实践经验。

第三,明确教学目标的设立。教学目标是教学活动的核心,直接影响着教学过程的设计和实施。在高校英语教学过程中,教师应根据学生的实际情况和需求,明确设定教学目标,以确保教学活动的有效性和针对性。首先,教师应设立语言知识目标。语言知识是英语教学的基础,也是提升语言交际能力的前提。因此,教师需要明确语言知识目标,确保学生掌握必要的基础知识,包括词汇、语法和语音等。通过课堂教学和在线学习等方式,教师可以帮助学生系统地学习这些基础知识,为后续的语言交际能力培养奠定基础。其次，教师应设立语言技能目标。语言技能的培养是英语教学的核心，也是提升语言交际能力的关键。教师应通过设计多样化的教学活动，如听力训练、口语练习、阅读理解和写作训练等，来帮助学生提高语言技能。教师还应根据学生的个体差异制定个性化的教学方案，以满足不同学生的需求和能力水平。最后，在全球化背景下，跨文化交际能力的培养成为英语教学的重要目标。教师应明确跨文化交际能力的目标，引导学生了解不同文化背景下的交际规则和礼仪，并通过跨文化交际内容的教学，如文化比较和跨文化案例分析，来提高学生的跨文化交际能力。鼓励学生参与国际交流活动，如国际学生交流和海外实习，也是实现这一目标的重要途径。

第四，语言运用能力的培养。在高校英语教学过程中，培养语言运用能力是至关重要的任务。为了实现这一目标，教师应注重以下方面的工作：首先，教师应设置真实情境和模拟交际场景。通过在教学过程中设置接近实际的交际情境，如商务谈判和学术讨论等，教师能够帮助学生更好地理解和运用语言知识。这种模拟真实交际的方式，有助于提高学生的语言交际能力，使他们能够在实际的语言环境中自如地运用所学知识。其次，教师应关注学生的全面发展。除了语言交际能力的培养，教师还应注重学生的综合素质发展。在阅读教学中，教师可以引导学生阅读英文原著和分析英文文章，培养他们的阅读能力和批判性思维。在写作教学中，鼓励学生进行自由写作和论文写作，以培养他们的写作能力和创新思维。组织学生参与课外拓展活动，如英语角和演讲比赛，也有助于丰富学生的学习体验和锻炼实践能力。最后，教师应关注学生的情感态度和价值观的培养。通过引导学生关注社会热点和讨论道德问题等方式，教师可以帮助学生建立社会责任感和道德观念。教师还应关注学生的心理健康和个性发展，提供必要的心理支持和指导，以促进学生的全面成长。

二、信息化背景下高校英语学习方式创新分析

(一)信息化背景下的高校英语自主学习方式

1. 信息化背景下英语自主学习的动机培养

(1)运用信息化技术线上引导与面对面交流,降低学生的焦虑。在信息化时代的背景下,科技的飞速发展和信息渠道的多样化对学生的学习方式产生了深远的影响。然而,信息的泛滥不仅未必带来预期的学习成果,反而可能导致学生在面对海量资源时感到迷茫和困惑。尤其是对于刚步入大学的新生而言,他们尚未完全适应新的学习环境和方法,往往依赖于教师的直接指导。在缺乏及时支持的情况下,这种依赖可能转化为焦虑,进而影响学习效率,有时甚至导致放弃自主学习。因此,教师在应对这种情况时,应采取信息化技术与面对面交流相结合的方式,以帮助学生降低焦虑感,并提升英语自主学习的动机和效果。

第一,信息化技术的运用在学生学习过程中扮演着重要角色。通过网络平台,教师能够对学生进行系统化的在线指导,帮助他们有效筛选和获取信息,从而减少在信息海洋中迷失的风险。教师可以利用网络通信工具及时传达课程要点和学习建议,引导学生在网络环境中高效地掌握英语知识点。这种方式不仅能够减少学生因面对面交流而产生的紧张情绪,还能够增强他们的学习成就感,从而激发其对英语学习的兴趣和自主性。

第二,面对面的课堂反馈依然是不可或缺的环节。在现代教学理念中,强调以学生为中心的翻转课堂模式已成为趋势。教师通过多样化的评估方法,监控学生的线上和线下学习情况,并提供针对性的反馈,以帮助学生识别和解决学习中的共性问题。例如,在英语读写课堂上,教师可以设计针对不同段落的问题,并对核心词汇和短语进行重点标注。这种策略不仅能提高学生的学习效率,还能帮助他们更好地理解和掌握

文章的结构和主题。通过课堂上的翻译、词汇造句、段落讲解和情景对话，教师能够直观地评估学生的学习进度，并提供及时的反馈。在课程结束后，教师应先对学生的自主学习给予积极的肯定和表扬，同时指出存在的问题，帮助学生发现和改进不足之处。这种正面激励和建设性反馈可以有效增强学生的自信心，并激发他们的自主学习动机。通过不断优化信息化技术与面对面互动的结合方式，教师可以更好地支持学生在英语学习中的自主探索，促进其综合能力的提升。

（2）优化多样的教学方法，培养学生的自主学习兴趣。在信息化社会的影响下，高校英语教学面临着前所未有的资源丰富性和教学方式的多样化。这种背景下，教师应当充分利用现代技术手段，优化教学方法，以培养学生的自主学习兴趣和动机。然而，教师在选择和应用各种教学资源时，必须考虑到学习内容的针对性和学生的语言水平，确保资源的有效性和适切性。

第一，主题讨论作为一种创新的教学方法，能够显著提升学生的自主学习兴趣。通过利用网络通信工具，如腾讯QQ和微信等，教师可以组织学生进行主题讨论。该方法通过设置与教学单元相关的问题，将学生分成小组进行讨论，旨在营造一个自由、开放的学习环境。在这种环境下，学生不必过于担心自己的观点是否正确或语法是否完美，而是可以平等地参与讨论，表达自己的看法。这种自由的讨论方式有助于激发学生的学习兴趣，拓宽其思维视野，并促使其习惯于用英语进行交流。在课后，教师则应引导学生查找和学习讨论中出现的语法和词汇问题，从而加强其词汇记忆和语法掌握。

第二，课堂情境创设也是提升学生自主学习兴趣的重要手段。传统的英语教学模式通常以教师单方面讲授为主，而现代化的教学方法则更多地关注学生的参与和互动。教师在备课时，可以利用现代信息技术，如PPT、音频和视频等，来设计互动性强的教学环节。例如，在课程导入阶段，教师可以播放与教学内容相关的音乐或视频，激发学生的兴趣和学习欲望。在教学过程中，教师还可以组织学生进行小组讨论、课堂抢答、PPT制作与展示、角色扮演等多种形式的活动。这些活动不仅使学习过程更加生动有趣，也鼓励学生在轻松愉快的氛围中主动参与和表现，从而提升他们的自主学习兴趣和积极性。

第三，人机交互的教学方法也是优化自主学习的重要方式。教师应积极推广学生使用英语语言学习平台进行《视听说》教材中的口语和听力训练。在这些平台上，学生可以通过听力训练和复述练习，掌握发音技巧，包括单词连读、弱读和重读等。人机交互的方式不仅能够提升学生的听力理解能力，还能增强其口语表达能力，进而激发其学习英语的热情。这种方法的优势在于，它提供了一个互动性强的学习环境，使学生能够在实际的语言使用场景中不断提高自己的语言能力。

（3）营造合作式学习氛围，激发自主学习动机。在信息化背景下，大学英语自主学习具有个性化的特点，但也伴随着一些挑战，如学生可能因为缺少面对面的教师指导而产生焦虑，甚至放弃学习。因此，在英语自主学习过程中，通过营造合作式学习氛围，可以有效减少学生的焦虑情绪，并激发他们的自主学习动机。教师可以通过多种方式参与到学生的学习过程中，促进学生之间以及学生与教师之间的互动与合作。

第一，在线交流为学生提供了一个便利的沟通平台，帮助他们在遇到学习难点时及时得到支持。学生在自主学习过程中，如果遇到无法解决的问题，可以随时向教师提出咨询，并与同学在群聊中进行讨论。这种在线交流的方式不仅允许学生自由表达自己的观点，还能通过讨论和问答的形式解答疑惑，增强他们对学习的主动性和参与感。通过在线语音功能，学生可以进行自我介绍、讨论学习体会、提出问题和辩论，这些互动都能够有效促进学生的自主学习动机。

第二，在线合作学习提供了一个合作学习的机会，鼓励学生在解决问题时与他人合作。在这种模式下，教师根据教材内容设置相关问题和任务，学生可以选择独立解决或与同学合作。特别是基础较好的学生可以帮助和辅导基础较弱的同学,通过合作学习,学生不仅能够巩固自己的知识,还能够帮助他人提高。这种灵活性允许学生在规定时间内选择适合自己的学习方式,并最终将合作成果分享给全班甚至全年级。通过合作学习,学生可以体验到团队合作的乐趣,同时提升学习效果和动机。

第三,在课堂环境之中,合作学习模式的实施旨在通过协作学习的策略,增强学生的参与度并激发其学习兴趣。教师需转变角色,将学生置于课堂的核心位置,鼓励他们积极投身于讨论与各类活动中,以此规避课堂氛围的沉闷乏味。在此模式下,教师主要扮演着启发者与引导者的角色。为实现这一目标,教师可灵活运用多种组织形式,如拼图法、猜词游戏、抢答竞赛、编号分组、小组讨论等,依据学生的实际能力与需求,精心设计问题与教学内容。这样的组织方式能确保每位学生都能积极参与,进而增强他们的课堂参与感与自信心。讨论环节结束后,教师可邀请几位学生分享个人观点,并针对这些观点进行细致的点评与总结。在总结时,教师应首先对学生的观点表示肯定,随后再指出其中存在的问题与不足之处。此种方法不仅有效地活跃了课堂气氛,还促进了学生之间以及师生之间的情感交流,有助于学生缓解焦虑情绪,并进一步激发他们的自主学习动机。

2. 信息化背景下的英语网络自主学习中心

(1)英语网络自主学习中心的作用

第一,优化学生的自主学习环境。高校英语网络自主学习中心的首要作用在于优化学生的自主学习环境。在现代高等教育中,英语学习平台的登录通常通过校园网进行。为了确保学习的有效性,必须为英语网络自主学习中心安排专门的学习时段。在这些时段内,应有专业的辅导教师负责解答学生的各种问题,这样可以提供及时的帮助和支持。学校的公共计算机机房应根据实际情况开放给学生,确保他们有充足的资源用于自主学习。自主学习平台应配备预约系统，以便学生能够根据自己的需求安排学习时间。这种安排不仅减少了学生在学习时间上的冲突，还能提高学习效率，使学生能够享受到更加优质的服务。这一优化措施能够确保每个学生都能在合适的时间和环境中进行学习，从而促进学习效果的提升。

第二，增加趣味性的学习互动模块。在网络英语自主学习平台的设计中，增加趣味性的学习互动模块也是至关重要的。教师在传统课堂教学中担任着互动的主导角色，而这种互动对于提高教学效果具有显著作用。网络学习系统的设计应当重视互动环节的实施，并将其与当前大学生广泛使用的社交平台相结合。通过融入学习互动交流群、学习微信公众号、学习讨论微博平台和学习答疑平台等模块，可以实现即时互动与在线教学。这些互动模块能够提升学习的吸引力，并激发学生的学习兴趣。现代化的社交模式为教学互动提供了丰富的手段，使得学习不再是单一的过程，而是一个多层次、立体化的体验。这种趣味性的设计不仅能够提高学生的参与度，还能使学习过程更加生动和有趣。

第三，引入移动 App 学习模块。随着移动网络技术的飞速发展，智能手机已成为大学生日常生活的重要组成部分。将移动 App 学习模块引入大学英语自主学习平台，可以有效突破时空限制，让学生在任何时间、任何地点进行学习。这种移动学习模式能够消除传统学习中的诸多弊端，如学习时间和地点的固定限制。通过在学生的手机上安装学习 App，平台可以根据学生的学习进度及时推送通知，帮助学生跟踪学习进展。此外，App 还能收集并分析学生关注的学习难点，并将这些信息反馈给每位用户。这种基于大数据的个性化推送能够引导学生在课余时间进行有效学习，从而大幅度提升学习的主动性和成效。

（2）英语网络自主学习中心的建设

第一，加强外语信息资源个性化建设。在当前高校英语网络自主学习中心的建设中，增强外语信息资源的个性化建设是关键任务之一。尽管许多高校已经引入了《新视野大学英语》系统等专门制作的学习资源，这些资源涵盖了词汇练习、翻译、听力和写作等多个方面，但它们往往无法满足学生个性化学习的需求。为了更好地服务学生，自主学习中心必须扩展其外语学习资源，提升个性化水平。信息化技术的迅速发展使得教师能够更加灵活地获取并编辑来自其他国家的原版教学资料。这些原版素材包括各种真实的语言材料，如西方电视台的新闻、娱乐节目和访谈等，这些内容可以为学生提供真实的语言环境，帮助他们更好地理解和掌握外语。由于学生对有趣内容的兴趣通常较高，因此，通过增加这些真实的语料，学生的学习积极性将得到显著提升。尽管教师鼓励学生在课余时间浏览西方国家的主流媒体和报刊文章，但实际中，只有少部分学生能够积极参与。因此，教师应当定期在学习资料库中添加经过精挑细选的素材，确保学生在自主学习过程中能够接触到高质量的学习资源。此外，若条件允许，可以将部分语言指导内容整合进资源库中，以进一步提高学习的针对性和实效性。随着学术英语教学的推广，学习资源也应当根据学生的专业背景进行提供。这样，不仅可以满足学生的一般学习需求，还能为他们提供个性化的学习空间，使他们能够在专业领域内获得更多的支持和帮助。

第二，突出教师在自主学习中心的作用。教师在高校英语网络自主学习中心的建设与运行中扮演着至关重要的角色。教师在资源收集和选材方面发挥了重要作用。由于教师长期从事教学工作，对学生的学习状况和需求有深入了解，因此能够有针对性地选择和整理学习材料。自主学习中心中的视频和时事资源的更新，也离不开教师的细致工作。教师应根据最新的语言发展趋势和学生的学习需求，定期更新和调整资源，以确保学习内容的时效性和实用性。尽管自主学习为学生提供了更多的学习便利，但其面临的监督和指导不足的问题不容忽视。在高校扩招背景下，教师面临的工作压力增加，许多高校难以为自主学习中心配备专门的辅导教师。尽管如此，许多大学生仍然习惯于依赖教师，因此教师在自主学习过程中扮演着引导者和督促者的角色显得尤为重要。教师需要鼓励学生制定具体的学习目标和计划，对学习材料进行认真挑选和评估，同时监督学习进度，并定期反馈学生的学习情况。教师不仅要教授语言技能，还应在学生自主学习的过程中提供指导和支持，帮助他们逐步认识到自主学习的重要性和有效性。这种引导作用不仅能够提高学生的自主学习能力，还能增强他们对学习的主动性和责任感。教师的角色在自主学习中心的运作中至关重要，是确保学生能够充分利用资源并取得良好学习效果的关键。

第三，提升自主学习中心的管理水平。要确保高校英语网络自主学习中心的有效运转，必须提升其管理水平。技术人员在硬件设施的维护方面发挥着基础性作用。自主学习中心的正常运作离不开技术支持，技术人员需要定期检查和维护设备，以保证学习资源的稳定供应。中心的领导和教师团队需要共同努力，以确保自主学习中心的顺利运作。院校领导应当进行整体规划，明确中心的目标和发展方向。教师则负责执行这些方案，并在实施过程中发现问题和提出改进建议。领导和教师之间的信息交流渠道也应当畅通，以便及时传达上级要求并明确中心的运作状况。在自主学习中心的管理中，信息交流和反馈机制也至关重要。只有建立高效的信息传递渠道，才能确保领导和教师之间的有效沟通，进而推动自主学习中心的不断优化和改进。信息交流的畅通性直接影响到中心的运作效率和资源的有效配置。

（二）信息化背景下的高校英语移动学习方式

1. 信息化背景下英语移动学习的实现方式

（1）基于短消息的移动学习。在信息化背景下，基于短消息的移动学习模式提供了一种有效的互动方式，通过多方位的立体传递关系，提升了学生和教师之间的沟通效率。这种模式不仅包括学生与教师之间的直接互动，还涉及学生与其他学生、学生与教学服务器、教师与教学服务器之间的信息流动。短消息系统的使用使得学生在提出问题时可以通过简洁迅速的方式获得教师的反馈,教师可以方便地对学生的咨询进行回应。基于短消息的学习模式具有简洁快捷的特点,能够有效激发学生的学习兴趣并促进其形成积极的学习态度。学生可以在任何时间、任何地点使用移动设备进行问题咨询,这种随时随地的沟通方式使得学习者能够在遇到困难时快速获取帮助,进而支持其自主学习的开展。不同教师对于相同问题可能有不同的解答思路,这样的多样化反馈不仅丰富了学生的学习资源,也帮助学生更好地理解和掌握知识点。短消息的便利性还体现在其低成本和高效性上,教师和学生之间无须面对面的交流即可完成互动,这大大节省了时间和资源。短消息的记录功能还为后续学习提供了宝贵的参考资料,使得学生能够回顾和复习教师的答复。尽管短消息的实时性和互动性较强,但其在处理复杂问题时可能会显得略显不足。

(2)基于视频通话交互的移动学习。视频通话交互是移动学习的一种核心实现方式,它允许学习者在移动状态下通过语音和视频进行实时交流,提供了一种更加直观和生动的学习体验。视频通话的实时性和互动性使得学习者能够在遇到学习难题时,直接与教师进行面对面的交流,从而获得即时反馈和帮助。这种方式不仅打破了传统课堂教学的限制,还营造了一个更为灵活和友好的学习环境。通过视频通话,学习者可以在移动设备的界面上进行视觉和听觉的双重互动,使得学习过程更加贴近实际的课堂体验。学习者可以在视频通话中看到教师的示范和讲解,教师也能够通过视频观察学习者的表情和反应,从而更好地调整教学策略。视频通话的实时互动不仅增强了学生对英语学习的沉浸感,还激发了他们的学习热情和参与度。这种方式特别适合解决学生在学习过程中遇到的复杂问题,教师可以通过即时反馈和指导帮助学生更好地理解难点,减少学习障碍。与传统的文字交流相比,视频通话能够提供更为丰富的信息,帮助学生在学习中获得更加直观和深刻的理解。同时,视频通话的互动性也使得教师能够根据学生的具体情况进行有针对性的指导，提高了教学的针对性和有效性。

（3）基于连接浏览的移动学习。与基于短消息的移动学习相比，基于连接浏览的移动学习在数据通信和多媒体资源处理方面具有显著的优势。随着通信技术的不断进步，移动设备的性能和通信芯片的提升使得基于连接浏览的学习模式成为可能。通过这一模式，学生可以借助移动设备访问教学服务器，进行实时的浏览和交互，打破了传统学习模式中的时间和地点限制。基于连接浏览的移动学习模式允许学生在需要查找学习资料时，直接通过网络获取相关信息并进行下载和浏览。这种模式不仅支持多媒体资源的展示，还可以在离线状态下利用已下载的资料进行学习，极大地提升了学习的灵活性和便利性。学生可以根据自身的学习需求，自由选择和下载所需的资料，从而实现个性化的学习。这种方式的优势在于它能够提供丰富的学习资源和即时的更新，学生能够随时获取最新的学习资料和信息。基于连接浏览的模式还支持资料的长期保存，学生在断网情况下也能继续使用已下载的内容进行自主学习。这种灵活的学习方式不仅提升了学生的自主学习能力，还能够适应不同的学习需求和情境。

2. 信息化背景下英语移动学习的应用策略

（1）充分利用社群与网络。在信息化教育背景下，高校英语教学模式正从传统的教师主导型向以学习者为中心的模式转变，这一转变强调了协作与参与的重要性，教师在新型教学模式中不仅是知识的传递者，更是学习过程的引导者和设计者。移动技术的广泛应用使学习者能够积极参与学习过程，从而在学习中发挥主动作用。学习者不再仅仅是被动的接受者，而是能够掌控学习节奏和内容的积极行动者。社群与网络的使用在这种以学习者为中心的教育模式中发挥了至关重要的作用。社群为学习者提供了一个互动和交流的平台，学生能够在社群中与同龄人进行协作和信息分享。这种互动不仅能够促进知识的获取和技能的提高，还能够增强学习的参与感和归属感。通过网络平台，学习者可以进行实时交流，分享学习经验和解决问题的策略，这种方式有助于形成以学习者为核心的学习环境。

社群中的知识技能分享是移动学习的一个重要组成部分。通过网络，学习者可以访问大量的学习资源，与其他成员分享自己的见解和解决方案。在这种动态的社群环境中，学习者不仅能够从他人那里获取帮助，还能够通过提供自己的知识和经验来帮助他人。这种互助和合作的学习方式，不仅丰富了学习者的学习体验，还增强了学习的效果。社群成员之间的相互模仿和学习，为学习者的成功提供了积极的支持，形成了一个良性循环的学习环境。移动学习的一个显著特点是其高度的灵活性和便捷性。学习者可以随时随地访问学习资源和参与讨论，这种便捷的学习方式能够激发学生的学习兴趣和自主学习的积极性。在这种环境下，社群和网络的使用成为了促进学习的重要手段。通过充分利用这些工具，高校英语教学能够更好地适应学习者的需求，提升教学效果。

（2）树立创造、协作与交际的目的。随着移动技术的发展，高校英语教学的目标也在不断演变。现代教育理念强调教学应当满足不同学习者的需求，提供多样化的学习体验。移动学习以其固有的特征，成为实现这一目标的重要途径。学习者和教师反馈显示，移动学习的灵活性和多样性为不同学习风格的学生提供了有效的支持。移动学习的一个关键优势是其支持创造性和协作性学习的能力。学生可以利用移动设备进行各种形式的合作，如共同编写文档、分享未完成的作品、发送信息等。这种协作不仅能够增强学习者之间的互动，还能够促进他们的创造力和创新能力。在移动设备的支持下，学生可以一起完成任务，探索新的学习方式，甚至创造出超出教师预期的成果。这种开放和灵活的学习环境，不仅提升了学生的学习热情，也丰富了他们的学习经验。移动设备的协作特性还能够满足学生对个性化学习的需求。通过移动学习，学生可以根据自己的兴趣和需要，选择适合自己的学习方式和内容。这种个性化的学习方式，能够有效地提高学习者的参与度和学习效果。移动设备的多样化应用，使得学生能够在不同的学习项目中进行尝试和探索，从而找到最适合自己的学习方式。

（3）移动英语学习者应成为积极与互动的知识构建者。在移动学习环境中，学习者的角色发生了重要变化。学习者不再是被动的接受者，而是积极的知识构建者。移动学习体系的应用使得学生能够以多种形式参与知识的构建，从而提升学习效果和学习体验。首先，移动学习允许学生在非实时的情况下进行团队学习，这种灵活的时间安排使得学生能够根据自己的节奏参与学习，而不必受制于固定的课堂时间。学生可以随时随地参与学习活动，分享自己的见解和学习成果。这种灵活性不仅提高了学习的便利性，也促进了学生之间的互动和协作。其次，学生在移动学习中可以通过留言和评论参与到团队知识构建的过程中。他们能够留下自己的信息，供其他学生阅读和讨论。这种互动方式促进了知识的共享和交流，使得学习者能够从不同的观点中获取有价值的信息。最后，移动学习还允许学生根据自己的兴趣选择参与的主题，而不是所有学生都必须对每一个话题都精通。这种选择性参与，使得学习者能够专注于自己感兴趣的领域，从而提升学习的效果和动力。学生也能够在其他同学的观点基础上进行知识的构建，认识到不同观点的合理性和价值，这种互动和反思的过程，有助于加深对知识的理解和应用。

（4）将解决问题的不同方面组合起来，满足学习需求。计算机辅助学习的早期尝试中，人们常常忽视了教师在教学中的关键作用，过分强调技术工具的功能。随着教育理念的进步，我们认识到教学的成功不仅仅依赖于技术工具，还需要教师的指导、沟通、协作以及发展学习活动。与计算机辅助学习相比，移动学习在技术功能上虽然不如计算机强大，但其灵活性和便捷性使其成为一种重要的教学工具。移动设备的功能相对简单，但其在教学中的作用不容忽视。移动学习应被视为教师教学工具箱中的一个新组成部分，与其他工具组合使用，才能实现最佳的教学效果。具体而言，移动学习工具包括短信息服务、基于音频材料的学习、Java测试、基于PDA的学习模块、手机摄像头用于媒体信息收集等。这些工具可以作为教师教学的辅助手段，帮助学生在不同的学习活动中进行技能发展、反馈收集、信息产出和选择等。短信息服务可以用来发展和检查学生的技能，同时也可以用于收集反馈。基于音频材料的学习可以通过iPad、播客等工具进行，丰富了学习的形式和内容。Java测试和PDA的焦点学习模块提供了不同类型的学习活动，满足了不同学习需求。手机摄像头则可以用来收集各种媒体信息，为学生提供更多的学习资源。短信息、彩信、摄像头等工具还可以用于在线出版和播客功能，拓展了学习的方式和渠道。

第四节 高校体育教学环境改革与科学化运动训练创新

一、高校体育教学环境的改革创新

作为教学环境中的一种，"体育教育的环境能够对学生产生潜移默化的影响，良好的环境是学生有效学习的重要前提。"[1]学生不仅可以从中提高体育学习能力，教师也能够利用其顺利组织体育教学活动。另外，体育教学环境因其多样性、复杂性的特点，其实施需要综合考虑实际情况和客观条件。

---

[1] 李丽. 我国普通高校体育教学环境研究[J]. 当代体育科技, 2021, 11(28): 90.

（一）高校体育教学环境的改革设计原则

在高校体育教学环境的改革过程中，为了营造一个优质的学习氛围，需要进行科学而系统的环境设计。这不仅要基于体育学科的独特性质，还要充分考虑学生的心理需求和学习要求。

1. 整体化原则

整体化原则强调在体育教学环境设计中，应当注重各要素的综合规划与协调，这一原则的核心在于将体育教学环境的各个方面进行系统性的整合，以实现功能的最大化和资源的最优配置。整体化设计要求对体育教学场所进行全面分析，考虑到教学、训练、休闲等多个方面的需求，以保证各功能区之间的良好衔接和协调。整体化设计需要建立一个功能分区明确的体育场馆布局。这包括运动场地、教学区、休息区、医疗急救区等，各区域应根据实际需求进行科学划分，并且确保功能区之间流线的顺畅。例如，在设计篮球场和健身房时，应考虑运动员的流动路线，以避免交叉干扰；考虑教学区和休息区之间的有效隔离，保证教学的专注性和休息的舒适性。

2. 协调化原则

协调化设计则要求在环境布置中充分考虑各要素之间的关系。体育场馆的设计不仅仅是功能的堆砌，更需要考虑视觉、听觉等感官体验的协调。例如，场馆内的光线和声音控制应当与体育活动的性质相匹配，避免过强的光线对运动员视觉的干扰，也要避免噪声对学习环境的影响。整体化和协调化设计不仅关注单个功能的优化，更关注整体功能的提升。通过系统化地规划与设计，可以有效提高体育教学环境的使用效率，增强体育教学的效果，为学生提供一个更加舒适和高效的学习空间。

3. 教育化原则

教育化原则要求体育教学环境的设计应当充分体现教育功能，将教育理念融入环境建设的各个方面。体育教学环境不仅仅是运动的场所，更是教育过程中的重要组成部分。通过对环境的精心设计，可以促进学生的综合发展，提高他们的学习兴趣和参与度。首先，教育化设计应当体现体育教学的目标和价值观。设计者应当在场馆内设置相关的教育标语、体育文化墙等元素，增强学生对体育知识和技能的理解。例如，可以在墙面上展示运动员的风采、运动历史的成就以及体育精神的核心价值，激励学生树立积极向上的运动态度。其次，环境设计应当考虑到教育的互动性。通过设置多功能活动区和互动学习设备，可以增加学生在体育学习中的参与感和互动性。例如，可以在场馆内设置运动知识的互动展示台、虚拟实境的运动模拟设备等，以提升学生的学习兴趣和参与度。教育化设计还应当注重环境的引导功能，通过合理的空间布局和标识系统，引导学生形成良好的体育学习习惯。最后，教育化原则强调环境对学生心理和情感的支持。一个充满激励和正能量的环境能够提升学生的自信心和积极性，从而促进他们在体育学习中的表现。设计者应当通过环境中的色彩搭配、氛围营造等方式，创建一个积极向上的学习氛围。

4. 自然化原则

自然化原则强调在体育教学环境设计中应当充分融入自然元素，以提升环境的舒适性和生态友好性。自然化设计不仅能够改善场馆的视觉和心理感受，还能提高场馆的空气质量和舒适度，从而增强学生的学习体验和运动表现。首先，设计中应当考虑自然光的引入。通过设置大面积的窗户或天窗，能够有效地增加室内自然光照射，减少对人工照明的依赖。自然光不仅能改善场馆的照明效果，还能营造一个更加健康和舒适的运动环境。此外，合理的自然通风设计可以改善场馆的空气流通，提高室内空气质量，减少因空气不流通而带来的不适感。其次，自然化原则要求在场馆中融入绿色植物。绿色植物不仅可以美化环境，还能增加空气湿度，减少噪声，改善整体的心理感受。设计者可以在场馆内设置植物墙、花坛等绿色空间，为学生提供一个更加宜人的学习和运动环境。最后，场馆的建筑材料应当选择环保和自然的材料。例如，使用环保的木材、透气性好的材料等，可以减少对环境的负面影响，提升场馆的生态性能。这不仅有助于环境的可持续发展，也能提高学生对环保的意识和责任感。

5. 人性化原则

人性化原则要求在体育教学环境设计中应当充分考虑学生的实际需求和个体差异，创造一个便捷、舒适的使用环境。人性化设计关注的不仅仅是环境的功能性，还包括对学生心理和身体需求的尊重和满足。首先，人性化设计需要考虑学生的安全和舒适。例如，在场馆内设置符合人体工程学的设施，如舒适的座椅、适宜的地面材料等，以减少运动和学习中的身体负担。设计者应当确保场馆内的设施符合安全标准，避免出现可能的安全隐患；设置必要的急救设施和明确的应急指示，以应对可能的突发情况。其次，设计应当关注到学生的个体差异。例如，考虑到不同年龄段学生的身心发展特征，设计适合的运动设施和活动区域。对于年轻学生，可以设计适合其体力和协调能力的运动设备，而对于年长的学生，则可以提供更加专业化的训练设备。最后，场馆内的设施应当考虑到不同性别学生的需求，设置合理的更衣室和卫生间，以保证隐私和便利性。

6. 社区化原则

社区化原则强调在体育教学环境设计中应当融入社区元素，提升环境的社会互动性和参与感。社区化设计旨在将体育场馆打造成一个集体活动和社会互动的重要场所，通过环境设计促进学生之间的交流与合作。首先，设计应当设置公共互动空间。通过设计集体活动区、休息区和社交区等，可以鼓励学生在课外时间进行交流和互动。例如，可以设置开放式的社交区域，提供舒适的座椅和交流设施，让学生在运动之后可以进行社交活动和信息交流。这不仅可以增强学生的团队合作精神，还能提升他们的社交能力。其次，社区化设计还应当考虑到与周边社区的联系。例如，可以通过设置开放活动日、社区体育活动等，促进学校与社区之间的互动。场馆内可以设置社区信息发布板，公布社区活动和体育赛事，鼓励学生参与社区活动和服务。这种设计不仅能够增强学校与社区的联系，还能提升学生的社会责任感和参与感。

（二）高校体育教学环境的多元调控角度

体育教学环境涉及诸多构成要素，其整体系统对教学效果有着重要影响。为了使体育教学环境充分发挥其积极作用，助推体育教学效果的提升，需要从多个方面和角度对环境进行调控。具体而言，高校体育教学环境的调控角度包括以下方面。

1. 布局的整体性角度

高校体育教学环境的布局整体性是指在设计和调控体育教学环境时，必须从全局出发，考虑各个功能区的有机结合和协调运作。整体性的布局不仅能提高空间利用率，还能创造出一种和谐的学习氛围，从而提升体育教学的质量和效果。

（1）整体性的布局要求对场馆内外各区域进行科学合理的规划与配置。例如，体育场馆的核心区域应当设有主要的运动场地，如篮球场、足球场、田径场等，同时还应合理布局辅助区域，如健身房、更衣室、医疗急救区等。这些区域需要通过合理的动线设计实现有机连接，确保学生在不同区域间的流动顺畅，避免因动线设计不当造成的拥堵和混乱。

（2）整体性布局还需要考虑到不同体育项目的特定需求和相互关系。对于综合性体育场馆而言，需要为不同项目预留专用空间，并确保这些空间能够灵活调整，以适应不同项目的教学和训练需求。例如，室内多功能体育馆可以通过可移动隔断实现篮球、羽毛球、排球等项目的灵活转换，从而最大化场地使用效率。

此外，整体性的布局还应关注环境的视觉和听觉体验。体育教学环境不仅是一个运动场所，也是一个教学和学习的空间。因此，在布局时需要考虑到光线、色彩、声学等因素，创造一个视觉舒适、听觉宜人的环境。例如，通过合理的采光设计和灯光布置，既能满足不同体育项目对光线的需求，又能营造出积极向上的学习氛围；通过声学设计，减少回声和噪声干扰，提升教学和训练的专注度。

2. 特征的突出性角度

高校体育教学环境的特征突出性是指在设计和调控体育教学环境时，必须强调体育学科的独特性和多样性，充分展示不同体育项目的特点和魅力，以激发学生的兴趣和参与度。

（1）特征突出性要求在环境设计中体现体育项目的多样性和专业性。高校体育教学涵盖了众多不同的体育项目，每个项目都有其独特的技术要求和训练方法。因此，在设计和调控教学环境时，需要为每个项目预留专用空间，并配备相应的专业设施。例如，田径场需要设有标准的跑道和跳远沙坑，游泳池需要配备不同深度的泳道和跳台，健身房需要提供多种力量训练和有氧训练设备。通过为每个项目提供专业化的环境和设施，能够帮助学生更好地掌握技术要领，提高训练效果。

（2）特征突出性还体现在对体育文化和精神的展示上。体育不仅是一种运动，更是一种文化和精神的体现。在体育教学环境中，可以通过设置文化墙、展示区等方式，展示体育项目的历史、发展、名人和经典比赛等内容。例如，可以在篮球场周围设置篮球历史文化墙，展示篮球的发展历程和著名球星的事迹；在游泳馆内设立游泳文化展示区，介绍游泳项目的发展和重要赛事。通过这些方式，能够增强学生对体育项目的认知和兴趣，激发他们的运动热情和参与动力。

（3）特征突出性还要求在环境设计中考虑到学生的多样化需求和个性化发展。例如，可以在健身房内设置多种不同强度和类型的训练课程，满足不同体能水平和兴趣的学生需求；在运动场地设计上，预留一定的自由活动空间，让学生根据自己的兴趣和需求进行自发的运动和训练。

3. 师生的主体性角度

高校体育教学环境中师生的主体性是指在设计和调控体育教学环境时，应当充分尊重和体现师生在教学过程中的主体地位，创造一个以师生为中心的教学环境，促进师生的互动和共同发展。

（1）师生主体性要求在环境设计中注重教师的主导作用和学生的主体地位。在体育教学过程中，教师不仅是知识的传授者，更是学生的指导者和支持者。在设计教学环境时，需要为教师提供良好的教学设施和条件，帮助他们更好地开展教学和指导工作。例如，在体育场馆内设置教师专用的教学区和休息区，配备现代化的教学设备和资源，提升教师的教学效率和工作满意度。同时，环境设计还需要强调学生的主体地位，创造一个以学生为中心的学习环境。例如，在场馆内设置学生自助训练区和学习区，提供丰富的自学资源和指导材料，鼓励学生自主学习和训练，提高他们的自主性和积极性。

（2）师生主体性还体现在对师生互动和交流的支持上。良好的师生互动是体育教学的重要组成部分，有助于提高教学效果和学生的学习体验。在环境设计时，需要为师生互动提供便利的条件和空间。例如，可以在场馆内设置开放式的教学区和交流区，鼓励师生在课余时间进行交流和讨论；在训练区内设置教师观察和指导区域，方便教师在训练过程中对学生进行实时指导和反馈；通过设置教学反馈系统和学生意见箱，鼓励学生对教学环境和教学内容提出建议和意见，提升师生之间的互动和沟通。

（3）师生主体性还要求在环境设计中考虑到个体差异和多样化需求。每个学生的兴趣、能力和需求各不相同，因此在设计教学环境时，需要为学生提供个性化的支持和选择。例如，在健身房内设置多种不同类型和难度的训练设备，满足不同学生的需求；在教学区内提供多样化的学习资源和材料，帮助学生根据自己的兴趣和需求进行学习和训练。环境设计还需要关注学生的心理需求，提供一个安全、舒适和积极的学习环境。例如，在场馆内设置休息区和心理辅导区，为学生提供必要的心理支持和帮助，促进他们的身心健康和全面发展。

（三）高校不同体育教学环境的创新优化

1. 高校体育教学的自然环境

自然环境对体育教学的影响是多方面的，涉及空气、阳光、水、树木、花朵、雷电、雨水、风雪等多个因素。这些因素都会直接或间接地影响体育活动的开展。例如，当空气中含有大量灰尘和烟雾时，可能会刺激学生的鼻子、咽喉和眼睛，导致咽炎、哮喘或急性支气管炎的发生。在运动状态下，人体产生的二氧化碳量大幅增加，运动过程中呼出的其他气体也可能污染周围的空气环境。特别是在密闭的运动场所，如果空气流通不畅且室内温度较高，学生在运动过程中容易感到疲劳，心跳加快，无法坚持长时间的体育活动，从而降低了对体育活动的兴趣，不利于体育教学的有效开展。

学生在参与体育教学活动时，外在环境中的气压和温度变化也会对他们的心理和生理状态产生显著影响。通常，体育教师会在上午10点后开展体育教学活动。如果此时运动环境的温度较高，强烈的紫外线照射会使学生感到心跳和呼吸加快，口干舌燥，无法集中注意力，容易感到身体疲劳，甚至可能导致中暑或热痉挛。而在低温环境下，学生不得不穿着厚重的衣物参与运动，虽然保暖效果显著，但对体育锻炼的开展产生不利影响。寒冷的环境还会使肢体关节僵硬，影响关节的弹性和延展性，增加学生受伤的风险。气压的变化同样会对体育活动产生影响。在气压较高的情况下，心脏承受的压力增加，集体活动的开展效率降低。如果外在环境中存在大量沙尘或强风，也会刺激学生的咽喉，引发咳嗽或咽喉痛。南方地区在梅雨季节进行体育教学时，也容易受到潮湿天气的不良影响。在上述不利环境中进行体育运动，学生难以集中注意力，无法做出准确的判断，从而降低了对体育学习的兴趣，阻碍了体育教学活动的顺利进行。

在不同的地理位置，学校所面对的自然环境各不相同，自然环境对体育教学的影响也存在差异。学校应积极利用自然环境的优势，弥补其不足，为学生提供更好的教学环境。在分析和考量自身的自然环境时，学校可以迅速找出环境的优势。例如，北方地区冬季降雪量大，可以开展与冰雪相关的运动；山区学校周围地形多样，适合开展越野或登山活动；海边城市则可以设置更多的水上运动项目。为了给学生提供更好的体育教学环境，学校需要致力于建设室内体育场馆或风雨操场，以避免恶劣天气对体育教学活动的影响。学校应在运动场地周围种植更多的绿植和草地，改善空气质量，遮挡阳光，降低噪声污染。这种绿色健康的环境不仅提升了教学活动的愉悦度，还为师生的体育活动提供了更好的保障。在体育教学过程中，教师可以根据自然环境的具体情况灵活选择教学方法和内容，避免在极端环境中开展体育活动，注重培养学生对体育运动的兴趣。例如，在夏季高温时，可以选择室内运动或在阴凉处进行活动；在冬季寒冷时，可以进行室内体育锻炼或安排适宜的户外活动。通过合理利用和优化自然环境，学校可以为学生创造一个更加适宜的体育教学环境，提高体育教学的效果。

2. 高校体育教学的场地环境

高校体育教学的场地环境是教学活动得以顺利开展的基础条件，也是影响教学质量的重要因素。传统的体育教学场地往往以操场、体育馆等为主，功能相对单一，难以满足多样化体育教学的需求。因此，高校体育教学的场地环境创新优化成为改革的重要方向。

（1）场地环境的多元化设计。多元化设计是场地环境创新的核心。高校应根据体育教学的实际需求，设计多样化的场地环境，以满足不同体育项目的教学需求。例如，可以设置专业的田径跑道、足球场、篮球场等，用于开展相应的体育项目教学；增设健身房、舞蹈室、瑜伽室等，为学生提供更多元化的体育学习体验。在多元化设计的过程中，高校还需要注重场地环境的灵活性与可变性。通过采用可移动的隔断、可调节的灯光和音响等设备，使得场地环境能够根据教学需求进行快速调整，提高场地的使用效率。

（2）场地环境的智能化升级。智能化是现代体育场地环境的重要特征。高校应充分利用现代信息技术，对体育教学场地进行智能化升级，提升场地的科技含量和使用体验。例如，可以引入智能感应系统，实时监测场地的使用情况，为教学管理提供数据支持；利用虚拟现实技术，打造沉浸式的体育教学环境，让学生在虚拟场景中进行体育学习和训练。智能化升级不仅提升了场地环境的功能性，还为体育教学带来了更多的可能性。例如，通过智能分析系统，可以对学生的学习数据进行实时采集和分析，为教师提供个性化的教学建议。智能化的场地环境还可以为远程体育教学提供支持，打破时间和空间的限制，让体育教学更加灵活和便捷。

（3）场地环境的生态化改造。生态化是当今社会发展的重要趋势，也是高校体育教学场地环境创新的重要方向。高校应注重场地环境的生态化改造，将绿色、环保的理念融入场地设计和建设中。例如，可以采用环保材料进行场地建设，减少对环境的影响；在场地周围种植绿植、设置休闲区等，营造宜人的学习环境。生态化改造不仅提升了场地环境的美观度和舒适度，还有助于培养学生的环保意识和生态观念。在生态化的场地环境中进行体育教学，可以让学生更加深刻地体会到人与自然和谐共生的重要性，从而培养他们的生态文明素养。

3. 高校体育教学的组织环境

高校体育教学的成功与否，不仅依赖于物质环境的优越性，更取决于其组织环境的合理配置。体育教学过程中涉及多种人际和组织因素，其中学校风气、班级风气、学习风气等组织环境尤为重要。这些组织环境不仅能直接影响体育教学活动的开展，还能间接作用于学生的体育学习效果和整体素质提升。组织环境在高校体育教学中扮演着关键角色，主要由学校风气、班级风气和学习风气组成。学校作为一个社会组织群体，其内部的班级则构成次级群体。每一个群体在学校这个大环境中，都会展示出其独特的心理活动和精神面貌。

在组织环境中，班级规模是影响体育教学效果的重要因素之一。规模大小直接决定了学生在体育活动中的学习动机和学习成绩。小班教学由于教师能给予每位学生更多的关注和指导，因此教学效果通常优于大班制。在许多欧美国家，小班教学已成为提升教育质量的普遍做法。此外，体育教学中的队形编排方式同样至关重要。课堂中，师生之间的沟通方式、信息传递途径、教学内容和教学方法都受到队形编排的影响。例如，教师与学生之间的交流互动、信息传递的有效性，均取决于队形编排的合理性。校风代表着学校的整体精神风貌，对师生的心理和行为产生潜移默化的影响。优良的校风由师生共同努力创造，通过隐性的方式影响学生的思想和行为，从而间接提升体育教学效果。班风是指班级成员在长期互动和共同生活中形成的集体心理倾向。良好的班风能凝聚班级力量，促使学生为共同目标努力，形成积极向上的学习态度和正确的人生观念，进而为学校和班级开展各类活动提供有力支持。体育教风是学校体育教学环境的重要组成部分，直接影响学生体育能力和体育意识的形成。通过陶冶、启发、感化和暗示等教育手段，教师可以逐步引导学生形成良好的体育习惯和积极的体育态度。集体舆论对学风的形成具有积极引导作用，但如果集体内部存在不健康风气，则会影响学生的学习注意力和体育活动积极性，进而降低体育教学效果。

为了优化体育教学效果，需要对组织环境进行有效创设。首先，班级规模直接影响学生的学习成绩和创造力、兴趣、动机的培养。因此，合理控制班级规模有助于提升学生的学习效率和整体表现。其次，灵活的队形编排模式在体育课堂中至关重要。不同的队形编排方式不仅影响师生之间的信息交流方式，还影响课堂教学效果。例如，在室外体育课上，教师通常采用横排队形，以便于面对面交流和信息传递。然而，为了提高信息传递效率，教师可以根据需要采用 U 字形队形，扩大信息传递范围，增强课堂互动。最后，建设温馨、文明、积极的校园氛围对学生成长具有正面影响。良好的校园氛围不仅有助于学生养成良好的学习习惯和正确的价值观，还能提升学生的体育参与度和竞争力。通过举办各类体育活动和比赛，学校可以激发学生的体育兴趣，培养其坚韧不拔的性格和团队合作精神。高校体育教学环境的优越性在于其通过潜移默化的方式影响学生的思想和行为。在良好的组织环境中，学生不仅能够提升学习成绩，还能培养良好的行为习惯和生活方式。例如，体育竞赛活动中的优秀选手可以成为榜样，激励其他学生积极参与体育活动，共同提升整体体育水平。

4. 高校体育教学的心理环境

（1）高校体育文化建设：塑造积极向上的心理氛围。体育文化建设是高校体育教学心理环境创新优化的基石。一个健康、积极、向上的体育文化，能够为学生提供一个充满正能量与激励的学习环境，进而促进学生的全面发展。为了实现这一目标，高校应首先明确体育文化建设的核心价值与理念，确保其与学校的整体教育目标相契合。在此基础上，通过举办多样化的体育活动、体育赛事以及体育文化讲座等形式，将体育文化深入到学生的日常生活中，使其成为学生生活的一部分。高校还应注重体育文化的传承与创新。一方面，通过挖掘学校的历史与传统，提炼出具有学校特色的体育文化元素；另一方面，结合现代体育发展的趋势与学生的实际需求，不断创新体育文化的表现形式与传播方式，使其更加贴近学生的生活，更具吸引力与感染力。

（2）体育课堂气氛构建：营造和谐互动的教学氛围。体育课堂气氛是体育教学心理环境的重要组成部分，它直接影响着学生的学习情绪与投入程度。为了构建一个和谐互动的体育课堂气氛，教师应注重以下方面：首先，教师应以平等、尊重的态度对待每一位学生，鼓励学生积极参与课堂活动，发表自己的观点与见解。这种民主的教学氛围能够让学生感受到自己的价值与存在感，从而更加积极地投入到学习中去。其次，教师应注重课堂互动的设计与实施。通过设计丰富多样的教学活动与游戏，激发学生的学习兴趣与参与热情；注重互动过程中的反馈与评价，及时给予学生肯定与鼓励，增强学生的自信心与学习动力。最后，教师还应注重课堂情绪的管理与调控。在体育教学过程中，由于学生的身体活动与情绪变化较为剧烈，因此教师应具备敏锐的洞察力与调控能力，及时发现并处理学生的不良情绪与行为，确保课堂的和谐与稳定。

（3）师生关系的和谐发展：构建基于信任与尊重的沟通桥梁。师生关系是体育教学心理环境中的核心要素之一。一个基于信任与尊重的师生关系能够为学生提供强大的情感支持与心理保障，进而促进学生的全面发展。为了实现师生关系的和谐发展，教师应注重以下方面：首先，教师应以真诚、友善的态度对待每一位学生，关心学生的成长与发展。通过与学生进行深入的交流与沟通，了解学生的需求与困扰，为学生提供个性化的指导与帮助。其次，教师应注重自身专业素养与人格魅力的提升。一个具备丰富专业知识与高超教学技能的教师能够赢得学生的敬佩与信任；而一个具备高尚人格魅力与道德情操的教师则能够成为学生的楷模与榜样。最后，教师应注重与学生家长的沟通与合作。通过定期与家长进行联系与沟通，了解学生的家庭背景与成长环境，共同为学生的全面发展提供有力的支持与保障。同时，教师还应鼓励家长积极参与到学生的体育学习中来，共同营造一个良好的家庭体育氛围。

二、高校科学化运动训练的创新运用

（一）新媒体环境下高校科学化运动训练的创新运用

在网络信息技术快速发展、计算机快速普及的情况下，新媒体也实现了快速且稳定的发展，新媒体的出现在一定程度上打破了传统媒体发展过程中所受到的限制，为人们提供了更加开放、更注重交流的媒体服务。高校体育训练借助于新媒体技术，改变了过去所使用的教学结构、教学方法和教学模式，从而使得体育训练有了更明显的效果。新媒体环境下高校科学化运动训练的创新运用可以从以下方面着手。

第一，构成体育训练过程中的多方联动。在新媒体环境下，高校体育训练可以实现多方联动，包括学生、教师、家长和社会力量等多个主体共同参与。例如，教师可以通过新媒体平台与学生进行实时互动和指导，家长可以通过在线平台了解孩子的训练情况和进展，社会力量如企业和体育机构可以通过赞助和合作，提供更多的资源和支持。这种多方联动的模式不仅增强了体育训练的互动性和参与度，还能整合各方资源，提升训练效果。

第二，有效搭建体育训练的新媒体平台。为了充分发挥新媒体在高校体育训练中的作用，需要建设完善的在线课程平台、社交媒体平台和移动应用平台等。例如，在线课程平台可以提供丰富的体育教学视频和资源，社交媒体平台可以促进学生之间的互动和交流，移动应用平台可以记录和分析学生的训练数据，为其提供个性化的建议和反馈。这些平台的建设不仅需要技术上的支持，还需要内容上的丰富和完善，以满足学生多样化的学习和训练需求。

第三，强化新媒体应用意识及良性引导。新媒体在高校体育训练中的应用，需要全体师生增强应用意识，并进行良性引导。教师应积极学习和掌握新媒体技术，并将其融入日常教学和训练中；学生应主动利用新媒体平台进行学习和训练，并分享和交流自己的心得和体会。学校还应制定相关的管理和引导政策，确保新媒体应用的规范性和安全性，避免因不当使用而带来的负面影响。例如，学校可以组织相关的培训和讲座，提高师生对新媒体应用的认识和技能；制定明确的使用规范和行为准则，规范师生在新媒体平台上的行为和言论，营造良好的学习和训练氛围。

第四，创设新媒体融入运动训练的情境。为了更好地发挥新媒体在高校体育训练中的作用，通过虚拟现实技术、增强现实技术等新兴技术，模拟真实的运动场景和训练环境，提高学生的参与感和体验感。例如，通过虚拟现实技术，学生可以在虚拟的运动场景中进行训练和比赛，体验真实的运动感觉；通过增强现实技术，学生可以在现实的运动环境中，获取即时的训练数据和指导建议，提高训练的效率和效果。这些新兴技术的应用，不仅可以增强训练的趣味性和互动性，还能提高学生的训练积极性和效果。

（二）大数据背景下高校科学化运动训练的创新运用

随着信息技术的迅猛发展，大数据技术在各个领域的应用正逐步深化，对传统行业产生了深远的影响。特别是在体育领域，尤其是在高校的运动训练中，大数据技术的引入带来了前所未有的变革。这种变革不仅改变了传统的运动训练模式，还提升了训练的精确度、科学性和个性化水平。传统的体育训练方法主要依赖于教练员的经验和直觉，而大数据技术的引入使得训练过程能够通过科学的分析和数据驱动来指导，从而显著提高运动员的整体表现。

　　第一，从单向度走向多维度。传统的运动训练研究通常集中在生物学因素上，如运动技术、运动员的生理机能等。这种单一的研究视角虽然为运动训练提供了基础理论支持，但未能全面考虑影响运动表现的所有因素。随着研究的深入，学者们逐渐认识到，运动员的表现不仅受生理因素的影响，心理因素和社会因素同样对训练效果具有重要作用。例如，运动员的心理状态、团队合作的氛围、社会支持系统等因素，都可能影响其训练效果和比赛表现。大数据技术的引入，使得整合这些复杂的因素成为可能。通过对运动员的生理数据、心理状态数据、社会互动数据等进行综合分析，研究者能够获得更全面的运动训练视角。例如，数据可以显示出在不同心理状态下，运动员的生理指标如何变化，进而帮助制定个性化的训练计划。大数据技术能够处理和分析这些多维度的数据，从而形成更加科学和全面的运动训练模式。这种多维度的综合分析，不仅帮助我们更好地理解运动员的表现，还能优化训练方案，提高训练效果。

　　第二，从实体走向关系。传统运动训练研究大多关注于实体，即独立存在的个体或事物，如运动员的身体素质或训练设备。然而，现代科学研究表明，这些实体的表现不仅仅依赖于其自身的特征，还受其内部和外部关系的影响。在运动训练中，不同的训练因素之间存在着复杂的关系网络，如训练负荷与恢复状态、个体差异与训练效果等。单纯地研究个体实体，而忽视这些关系网络，往往无法全面揭示训练效果的本质。大数据技术可以分析和揭示这些关系网络，帮助我们理解训练因素之间的复杂相互作用。通过建立数学模型和关系图谱，研究人员可以明确不同训练变量之间的相互影响。例如，通过分析运动员的训练数据和比赛数据，能够识别出训练负荷、技术动作和心理状态等因素之间的关系。这种基于关系的分析方法，不仅揭示了训练效果的内在规律，还能够帮助设计更加有效的训练策略。

第三，从样本走向全数据。传统的运动训练研究通常依赖于样本数据，通过对样本的分析来推测整体趋势。然而，样本数据的随机性和有限性常常导致研究结果存在一定的局限性。例如，一项基于小样本的研究可能无法准确反映全体运动员的实际情况，从而影响训练方案的普遍适用性。大数据技术的应用改变了这一局面，使得全数据分析成为可能。通过采集和分析所有相关的数据，不再依赖于样本的随机性，从而能够提供更加全面和精确的分析结果。大数据技术能够处理海量的数据，包括运动员的训练记录、比赛表现、体能测试结果等。通过对这些全量数据的分析，研究者可以更好地掌握运动训练的细节和趋势，制定更加科学的训练计划。例如，通过对全体运动员的数据进行分析，能够识别出训练中的潜在问题，并及时调整训练方案，从而提高训练的科学性和有效性。

第四，从理论走向数据。传统的运动训练研究方法主要依赖于理论假设和实验验证。研究人员通常基于已有的理论模型提出假设，通过实验验证来探究因果关系。然而，这种方法在面对复杂的运动训练问题时，往往显得力不从心。由于训练因素众多且相互交织，理论驱动的方法难以全面揭示训练效果的真实情况。大数据技术的引入，使得运动训练科学研究逐渐从理论驱动转向数据驱动。数据驱动的研究方法通过对大量数据的分析，能够直接揭示出数据之间的关联和规律。这种方法不再局限于传统的因果关系探究，而是通过数据的深入挖掘，发现新的知识和规律。例如，通过对运动员的训练数据、比赛数据和生理数据进行综合分析，研究人员可以识别出哪些训练因素对运动表现有显著影响，从而制定更加科学和有效的训练计划。数据驱动的方法不仅提高了研究的准确性，还能够及时响应训练过程中的变化，为运动员提供更加精准的指导。

（三）信息技术背景下高校运动训练的创新运用

传统的体育教学主要依赖于线下课堂，但随着信息技术的快速发展，其在教育领域的影响日益显著。在信息技术的支持下，体育教学拥有了更丰富的资源、更先进的方法和更多样的实践活动。如果将信息技术与体育教学相结合，不仅能够激发学生的学习兴趣，提高他们的体育锻炼积极性，还能实现学生自主进行体育活动的目标。与传统的教学方式相比，现代信息技术在体育训练中具有明显优势。它不仅能够加快资源共享的步伐，还能提供更多优质的体育锻炼资源，满足学生的需求，提高他们的学习效率和运动水平。当前，许多高校已经将微课和慕课等信息技术形式引入体育教学中，这为实现个性化和优质化教学提供了条件。现代信息技术在体育教学中的应用具有多方面的好处：加快资源共享、提高教学效率、提高学生运动质量、满足个性化需求、加强师生互动。信息化体育教学还能实时监控学生的训练状况，进行考核和评价，促进师生对训练内容的反思。这些应用为国家和社会培养更多体育人才奠定了基础。信息技术背景下高校运动训练的创新运用可以从以下方面着手。

第一，构建信息化教学机制。通过将先进的信息技术与高校体育训练系统相结合，建立一个全面的数据收集与处理中心，使得学生的运动状态数据得以高效地搜集、整理和分析。这样的机制不仅为教师提供了详细的数据支持，还使得训练更加科学化和个性化。具体而言，在垒球训练中，信息技术可以分析学生的发力点、投掷动作和风向等数据，从而帮助教师制订更加精准的训练计划。通过高频率的数据采集与实时分析，教师能够根据不同学生在不同训练阶段的表现，进行动作纠正和技术优化。这种基于数据的反馈机制，不仅提高了训练的针对性，还显著提升了整体训练效果。

第二，创新虚拟的训练环境。现代信息技术通过创建虚拟训练环境，使得体育锻炼更加生动和个性化。通过视觉模拟进行训练，不仅提高了教学效率，还能根据学生的兴趣和个性实施因材施教。首先，虚拟训练环境的创建极大地丰富了体育教学的手段。例如，虚拟现实技术的应用，使得学生能够在逼真的虚拟场景中进行体育训练。这种技术提供了沉浸式的体验，让学生仿佛置身于实际的运动场地，从而更好地理解和掌握运动技巧。在虚拟环境中，学生可以反复进行动作练习，并根据实时反馈进行调整，这显著提升了训练的精确性和效果。其次，虚拟环境不仅是训练的工具，更是学生自我评估和改进的重要平台。通过先进的虚拟实现场景模拟技术，学生在完成一定时间的锻炼后，可以对自身的学习效果和运动成果进行客观考核。虚拟环境能够记录学生的运动数据，生成详细的分析报告，包括动作的规范性、力量的分布以及速度的变化等。教师可以根据这些数据，提供针对性的指导，帮助学生不断优化训练方案。最后，虚拟训练环境还促进了体育教学的互动性和趣味性。在传统教学模式下，学生的训练内容往往较为单一，缺乏变化和挑战性。而通过虚拟环境，教师可以设计多样化的训练任务和竞赛场景，激发学生的学习兴趣和积极性。学生可以在虚拟场景中进行团队合作和对抗比赛，增强了训练的竞争性和趣味性，从而提高了整体的学习效果。

第三，远程教育。远程教作为一种新兴的教学模式，极大地扩展了体育教学的范围和方式。现代体育教学不仅限于传统的线下课堂，还可以通过远程教育开展更加多样化的训练和学习活动。远程教育不仅提供了丰富的体育锻炼资源，还为学生创造了灵活的学习条件，有效激发了他们的学习兴趣和积极性。首先，远程教育通过线上平台提供了广泛的体育锻炼资源。这些资源包括系统的训练课程、科学的运动理论以及专业的指导视频等。这种资源的多样化不仅帮助学生在课堂之外获得额外的锻炼机会，还使他们能够根据个人需求选择适合自己的训练内容。通过访问虚拟课程和在线教程，学生可以在任何时间和地点进行学习和训练，从而充分利用碎片化时间，提升整体运动水平。其次，远程教育有效地整合了线上和线下教育的优势。教师可以通过远程平台发布任务、布置作业以及进行实时指导，而学生则能够通过线上平台提交训练记录和成果。这样教师与学生之间的互动不仅限于面对面的交流，还可以通过各种信息技术手段实现。科研人员和体育干部也能够通过远程教育平台参与到教学和训练过程中，提供专业支持和技术指导。这种线上与线下的结合，使得教育资源的配置更加灵活，教学效果也得到进一步提升。

第四，创新性教学。创新性教学作为一种重要的教学策略，显著提升了教学效果和学生的综合素质。翻转课堂作为一种新型的教学模式，在创新性教学中发挥了重要作用，其核心理念是将传统课堂教学的顺序进行逆转。具体而言，学生在课前通过自主学习掌握基本知识，通过观看教学视频、阅读相关资料或参与在线讨论等方式进行初步学习。课堂时间则用于教师的深入指导和实践操作。这样的安排使得课堂教学时间得到了更高效的利用，教师可以将精力集中于学生的实际操作和问题解答上，从而更好地进行个性化辅导。创新性教学模式的引入，不仅更新了传统的体育教学方式，还为学生提供了更多的学习和实践机会。通过充分利用信息技术工具，教师可以设计更加灵活和多样化的教学活动，激发学生的学习兴趣和参与热情；学生也能够在实际操作中不断提高自身的运动能力和综合素质，从而更好地实现个人发展目标。

参考文献

[1] 常江红. 新时代下高校教学方法改革因素分析及创新实践 [J]. 知识窗（教师版），2023（3）：100.

[2] 谭晓兰.OBE 理念下高校教学督导评价改革与创新 [J]. 创新创业理论研究与实践，2023，6（20）：145.

[3] 卫建国，汤秋丽. 新时代高校教师教学评价改革与创新论析 [J]. 黑龙江高教研究，2023，41（2）：33.

[4] 缪文武. 高校教育改革理论与实践研究 [M]. 长春：吉林大学出版社，2023.

[5] 李墨，文晶晶. 高校教学改革与创新型人才培养研究 [M]. 天津：天津科学技术出版社，2023.

[6] 丛红艳，房玲玲. 高校教学改革与文化的融合创新研究 [M]. 长春：吉林人民出版社，2019.

[7] 王艳萍，胡月霞. 高校在线课程建设与应用的研究与思考 [J]. 南北桥，2021（7）：160.

[8] 肖友平. 高校教学方法改革探论 [J]. 科教导刊 – 电子版（下旬），2018（5）：41.

[9] 张楠. 浅析高校教学方法改革的现状及对策 [J]. 青春岁月，2018（34）：26.

[10] 朱笑荣. 高校教师教学改革创新与发展研究 [M]. 长春：吉林大学出版社，2021.

[11] 徐红，彭军军.地方普通本科高校课堂教学方法改革研究[M].武汉：华中师范大学出版社，2023.

[12] 熊斌.民办高校的改革与发展模式研究[M].长春：吉林文史出版社，2021.

[13] 魏小芳，丁鼎.高校体育教学管理改革与模式构建探索[M].长春：吉林人民出版社，2022.

[14] 任婷婷.高校体育教学管理改革与模式构建[M].长春：吉林大学出版社，2017.

[15] 李鸿雁，张雪著.高校思政课教学改革与创新研究[M].延吉：延边大学出版社，2022.

[16] 张艳青.新时代高校思政课教学改革的研究与实践[M].长春：吉林大学出版社，2023.

[17] 王怡.高校英语教学改革与复合型英语人才培养研究[M].北京：北京工业大学出版社，2023.

[18] 王玉珍，李渊博，刘鹏.高校英语教学方法与改革研究[M].北京：中国商务出版社，2023.

[19] 陈莉.新时代高校思想政治教育教学改革与实践研究[M].西安：西北大学出版社，2020.

[20] 张金焕.高校英语教学设计优化与模式改革研究[M].长春：吉林人民出版社，2021.

[21] 姚琦，龚彬彬，胡阿香.OBE理念下高校课程混合式教学改革路径剖析[J].高教学刊，2024，10（22）：124-127+131.

[22] 胡鸿志，刘涛，管芳，等."互联网+"背景下普通高校教学改革与探索[J].高教学刊，2024，10（22）：132-135.

[23] 罗亮.高校思想政治理论课实践教学改革创新探究[J].学校党建与思想教育，2022（5）：38-41.

[24] 杨斌，邵静擘."互联网+"背景下高校思政教育创新发展路径

的探究[J].食品研究与开发，2023，11（8）：239.

[25] 徐树.以教学实践为核心的高校体育教育改革探究[J].成才之路，2024（19）：121-124.

[26] 王良，周培山，谢芋江，等."双一流"建设背景下创新导向的地方高校实践教学改革[J].教育信息化论坛，2024（5）：84-86.

[27] 王江宁.新时代高校思政课供给侧改革路径研究[J].大学，2024，（17）：94-97.

[28] 李敏.高校心理健康教育课程教学改革与实践探索[J].大学，2024（17）：66-69.

[29] 卢红存.新时代背景下高校教学改革与创新人才培养策略研究[J].才智，2024（4）：173-176.

[30] 程春.新时代高校教育管理数字化建设研究[J].食品研究与开发，2023，44（18）：239-240.

[31] 刘影.教育信息化2.0时代高校教学管理创新研究[J].产业与科技论坛，2024，23（8）：279-281.

[32] 李丽.我国普通高校体育教学环境研究[J].当代体育科技，2021，11（28）：90.

[33] 刘治国.高校网络教学的监控与管理策略研究[J].科技资讯，2020，18（5）：104.

[34] 刘鑫军，孙亚东.互联网时代高校教育管理模式改革与实践研究[M].长春：吉林人民出版社，2021.

[35] 李双印.高校思政课教学改革的思与行[M].青岛：中国海洋大学出版社，2022.

[36] 马彩云.中国传统文化——茶文化融入高校教学管理模式改革与实践的意义及路径[J].福建茶叶，2017，39（12）：161.

[37] 李洁.传统茶文化与高校教学改革的思维与理念的融合与创新[J].福建茶叶，2018，40（12）：218.

[38] 曹景萍. "互联网+"时代高校课堂教学管理的策略[J]. 继续教育研究，2017（11）：127-128.

[39] 黄晓农. "互联网+"时代高校校外实践教学管理探究[J]. 教育评论，2015（12）：68-71.

[40] 马海燕，吕颖. 互联网技术赋能高校思政教育优化策略[J]. 淮南职业技术学院学报，2024，24（2）：40-42.